Gesunde Ernährung von Anfang an

Stillen, Säuglingsnahrung, Breie und Gläschenkost

verbraucherzentrale

Inhalt

51
Breie und Beikost

77
Unverträglichkeiten und Allergien

87
Schadstoffe und Lebensmittelinfektionen

Vorwort

Wenn ein Kind geboren wird, haben Eltern viele Fragen. Stillen oder Säuglingsmilch? Den Brei selbst zubereiten oder lieber Fertigprodukte kaufen? Bio- oder Normalkost füttern? Noch nie war das Angebot an Säuglingsnahrung so groß. Neben den klassischen Muttermilchersatzprodukten gibt es die verschiedensten Spezialprodukte, Frischmilch- oder Fertigmilchbreie, Gläschen in allen Variationen, spezielle *„Kindermilch“* für über Einjährige und *„Babywasser“* von Geburt an.
Dabei sind die Hersteller von Babynahrung in erster Linie daran interessiert, ihre Produkte zu verkaufen. Es geht ihnen nicht darum, Kindern einen möglichst gesunden Start ins Leben zu ermöglichen.

Dieser Ratgeber hilft Eltern, sich im unübersichtlichen *„Angebotsdschungel“* zurechtzufinden und die Werbeaussagen der Anbieter kritisch zu hinterfragen.

Bei Säuglingen und Kleinkindern ist es wichtig, auf eine gesunde Ernährung zu achten, die dem jeweiligen Entwicklungsstand angepasst ist. Ernährungsfehler in den ersten Lebensjahren können die körperliche und seelische Entwicklung beeinträchtigen und sich auch später noch negativ auf die Gesundheit auswirken.

→ **Allergien:** Die Einführung von Beikost vor dem Beginn des 5. Lebensmonats erhöht das Risiko des Kindes, eine Allergie zu entwickeln.

→ **Aromen:** In den ersten Lebensjahren werden die Geschmacksvorlieben geprägt. Durch aromatisierte Lebensmittel gewöhnen sich die Kinder an den „*Kunstgeschmack*" und lehnen natürliche Lebensmittel eventuell ab.

→ **Bakterien:** Salmonellen und Listerien sind für Kleinkinder besonders gefährlich.

→ **Gentechnik:** Die Risiken der Gentechnologie sind noch nicht hinreichend erforscht. Babynahrung muss gentechnikfrei bleiben – das gilt auch für die Verfahren der neuen Gentechnik mit der CRISPR/Cas-Methode.

→ **Nährstoffe:** Eiweiß, Fett und Kohlenhydrate sind lebenswichtige Nährstoffe, die in der richtigen Menge in Babynahrung vorhanden sein sollten. Eine Unterversorgung führt zu einem Nährstoffmangel. Durch zu viel Zucker oder Fett kann bereits in jungen Jahren Übergewicht entstehen – mit allen negativen gesundheitlichen Folgen. Schon etwa 15 Prozent der Kinder im Grundschulalter bringen zu viel Gewicht auf die Waage.

→ **Schadstoffe:** Pestizidrückstände, Schimmelpilzgifte, Nitrat oder Blei können krank machen.

→ **Vitamine und Mineralstoffe:** Ein Mangel schwächt die gesunde Entwicklung.

→ **Zucker:** Zu viel Zucker in der Babykost führt nicht nur zu schlechten Zähnen, sondern kann die Ernährungsgewohnheiten von Anfang an auf „*süß*" programmieren.

INFO

Gesunde Ernährung für einen guten Start

Wir alle wünschen uns rundherum gesunde, widerstandsfähige und zufriedene Kinder. Durch die richtige Ernährung von Anfang an können Sie als Eltern dazu beitragen. Es gilt die Maxime: **Richtig essen – Werbung vergessen.**

Werbeangriffe der Lebensmittelindustrie

Die Babyernährung übernimmt zunehmend die Lebensmittelindustrie. Convenience Food ist auch hier im Trend. Umsätze im Milliardenbereich können Babykosthersteller für sich verbuchen, weil durch massive Werbung immer neue Produkte nachdrücklich in das Bewusstsein einer jeden Familie gerückt werden.

Wie bei keiner anderen Lebensmittelgruppe sind die Werbemethoden der Hersteller so perfekt auf die Zielgruppe zugeschnitten, dass es vielen Eltern einfacher und kostengünstiger erscheint, den Gemüse- oder Milchbrei fertig zu kaufen.

Möglichst frühes Zufüttern und spezielle Produkte bis ins Kleinkindalter – das sichert die Umsätze bei niedrigen Geburtenraten, mehr stillenden Müttern und einem immer stärker werdenden Konkurrenzkampf auf dem Markt für Säuglingsprodukte.

Werbeangriff 1: Geburtsvorbereitung

In Elternzeitschriften, auf Internetseiten oder in sozialen Netzwerken ist Werbung geschickt verpackt und kommt in dieser Form an Frauen und Männer, wenn sie sich auf ihre neue Rolle als Eltern vorbereiten.

Werbebotschaften wie *„nach dem Vorbild der Muttermilch"* für eine Säuglingsanfangsnahrung verstoßen gegen europäische und deutsche Gesetze. Sie täuschen werdende Eltern und können zu der falschen Annahme verleiten, dass Ersatznahrung von vergleichbarem Wert wie das Stillen sei.

INFO

Position der Verbraucherzentralen

Wir unterstützen den gemeinsamen Aufruf von Berufstätigen in Gesundheitsberufen (z. B. Hebammen, Kinder- und Jugendärzte) und der nationalen Stillkommission und fordern, dass die Behörden bundesweit und einheitlich konsequent gegen eine rechtswidrige Vermarktung von Säuglingsnahrung vorgehen. Immerhin ist Werbung in Zeitschriften inzwischen verboten, damit diese nicht vom Stillen abhält.

Werbeangriff 2: Entbindungsklinik

Werbung für Säuglingsanfangsnahrung oder die Abgabe von Proben oder anderen Utensilien für die Flaschenfütterung an Familien ist gesetzlich untersagt. Doch nicht alle Hersteller halten sich daran. Immer noch werden Ärzte und Hebammen kostenlos mit Säuglingsflaschen, Saugern und Proben zur Verteilung an Eltern versorgt.

Dies ist ein unzulässiger Versuch der Industrie, die Stillabsichten von Frauen zu untergraben und den Absatz von Muttermilchersatzprodukten zu fördern.

Werbeangriff 3: Internet und Social Media

Gewinnspiele, Rabatte und Baby-Sparbücher locken Eltern auf den Homepages der Firmen in *„Baby-Clubs"* und *„Bonusprogramme"*. Newsletter und Gratisproben folgen. Das Kalkül der Hersteller: Wenn sich das Baby erstmal an einen bestimmten Brei- oder Gläserkostgeschmack gewöhnt hat, werden die Eltern auch zukünftig diese Marke kaufen.

Auf firmeneigenen Seiten bieten selbsternannte Expertinnen und Experten in Foren Beratung an. Die Unabhängigkeit vieler Aussagen ist jedoch höchst fragwürdig, denn letztlich vertreten die vermeintlichen Profis die Firmeninteressen. Auch in scheinbar unabhängigen Foren kann man auf Grund der Anonymität der Einträge nicht erkennen, welche Interessen hinter den Aussagen stehen könnten.

Ein immer größer werdender Einflussfaktor ist die Werbung in den sozialen Netzwerken durch sogenannte Influencer. Diese lassen einen an ihrem Leben teilhaben und teilen viele Erlebnisse und ganz nebenbei machen sie Werbung für Lebensmittel oder Nahrungsergänzungsmittel. Dabei nutzen sie oft die emotionale Ebene der Familie. Viele bewerben überteuerte Quetschies oder andere Kinderlebensmittel oder überflüssige Vitaminpräparate für Kinder, zum Beispiel in Form von Fruchtgummis.

Werbeangriff 4: Supermarkt

Mit einer riesigen Produktvielfalt an Muttermilchersatzprodukten, Instant-Brei und Gläschenkost in meterlangen Regalen sollen Eltern zurechtkommen. Doch selbst für Fachpersonal mit medizinischem und ernährungswissenschaftlichem Hintergrund ist das Angebot nicht durchschaubar. Werbeattribute wie *„Für Babys natürliche Entwicklung"* oder *„Für einen gesunden Start..."* zielen auf das Verantwortungsgefühl und das *„gute Gewissen"* bei der Kaufentscheidung.

Werbeangriff 5: Verpackungsdesign

Da Kinder bis zum sechsten Lebensjahr noch nicht zwischen Werbung und Wirklichkeit unterscheiden können, vertrauen sie auf ihre geliebten Comicfiguren und Filmhelden, auf *„Prinzessin Lillifee"*, *„SpongeBob"*, *„Sendung mit der Maus"* und Co. Darauf haben sich die Marketingabteilungen der Unternehmen längst eingestellt und vermarkten ihre Produkte mit entsprechenden Bildern und Aufklebern.

Werbeangriff 6: Spezialprodukte

Die Babykostindustrie hat ein Problem: Der Markt wird immer enger und der Konkurrenzkampf ist groß. Um den Umsatz trotzdem zu steigern, hat die Branche das Segment an Kindermilch und Kinderlebensmitteln weiter massiv ausgebaut und beworben. Unter dem Motto *„die ersten 1000 Tage im Leben eines Kindes"* zielen Werbeangriffe jetzt auf komplette drei Jahre(!) seit Beginn der Schwangerschaft ab. Auch die Mütter werden nicht verschont: Sie sollen während der Schwangerschaft und Stillzeit spezielle Säfte trinken, besondere Müsliriegel essen oder Kombipräparate mit Vitaminen nehmen. Produkte, die wirklich niemand braucht und die zudem meist noch voller Zucker und Zusatzstoffe stecken.

INFO

Drogeriemarkt muss irreführende Werbung stoppen

In seinem Bonusprogramm behauptete eine Drogeriemarktkette, spezielle Kindermilch sei für Kleinkinder besser geeignet als Kuhmilch, weil sie beispielsweise mehr wichtige Nährstoffe wie Eisen, Jod und Vitamin D enthalte. Verbunden mit Vorteils-Coupons sollten diese Behauptungen in einem Flyer Eltern dazu verlocken, für ihre Kleinkinder spezielle Kindermilch-Produkte zu kaufen. Die irreführenden Werbeaussagen hat der Drogeriemarkt nach einer Abmahnung durch die Verbraucherzentralen eingestellt.

Stillen

Muttermilch ist die natürlichste und beste Nahrung für Säuglinge. Für die Mehrzahl der Babys ist ausschließliche Muttermilchernährung in den ersten sechs Lebensmonaten die optimal angepasste Ernährung, sodass voll gestillte Säuglinge keine zusätzlichen Getränke zur Flüssigkeitszufuhr benötigen.

Muttermilch stillt nicht nur Hunger und Durst. Das Geben der Brust fördert auch die körperliche und emotionale Bindung zwischen Mutter und Kind. Muttermilch ist immer richtig temperiert, hygienisch einwandfrei, kostenlos und obendrein stets dabei.

Erfahrungen zeigen, dass Mütter, die sich schon vor der Geburt über das Stillen informieren und von ihrem Umfeld unterstützt werden, länger stillen. Doch manchmal sind die Lebensumstände nicht ideal und auch Babys sind verschieden.

INFO

Auch kurze Stillzeiten sind gut

Bereits kurze Stillzeiten haben einen großen gesundheitlichen Wert für Ihr Baby. Deshalb: Stillen Sie lieber kurz als gar nicht – je länger, desto besser.

Pluspunkte der Muttermilch

→ **Alle Nährstoffe:** Alle notwendigen Stoffe, die Babys zum Wachsen brauchen, sind in ausreichender Menge enthalten. Muttermilch ist leicht verdaulich und perfekt auf das noch unreife Verdauungssystem des Säuglings abgestimmt.

→ **Wichtige Abwehrstoffe:** Diese schützen vor Atemwegserkrankungen und Magen-Darm-Infekten. Muttermilch enthält Bestandteile, die die Reifung der Darmschleimhaut und des Immunsystems fördern.

→ **Weniger Krankheiten:** Gestillte Kinder erkranken seltener an Allergien, Zöliakie, Diabetes mellitus und sterben seltener am plötzlichen Kindstod. Muttermilch fördert die Ausbildung einer gesunden Darmflora – der sogenannten Bifidusflora.

→ **Keine Überfütterung:** Gestillte Kinder können in der Regel nicht überfüttert werden. Untersuchungen zeigen, dass gestillte Kinder später seltener übergewichtig sind als Flaschenkinder.

→ **Viel Geborgenheit:** Stillen fördert die Mutter-Kind-Beziehung, vermittelt dem Baby Wärme und Zuneigung.

→ **Praktisch und preiswert:** Muttermilch ist immer verfügbar, keimfrei und hat stets die richtige Temperatur. Das Säubern von Fläschchen und Saugern entfällt. Stillen spart dadurch viel Arbeit und Geld. Etwa 120 Euro pro Monat für Muttermilchersatzprodukte, Fläschchen und Sauger werden durch das Stillen eingespart.

Stillförderung

Die Stilldauer und die Stillhäufigkeit haben in den letzten Jahren erfreulicherweise zugenommen. Dennoch treffen Mütter immer wieder auf Hindernisse, die dazu führen, dass früh abgestillt wird. Besonders wichtig für einen problemlosen Stillbeginn ist die gemeinsame Unterbringung von Müttern und Neugeborenen in Mutter-Kind-Zimmern und die Unterstützung durch Hebammen oder Stillgruppen.

Obwohl diese Faktoren so wichtig sind, erfüllen nur 96 von insgesamt 1.914 Kliniken

Babyfreundliche Krankenhäuser

Babyfreundliche Krankenhäuser erkennen Sie am neben stehenden Logo. Eine aktuelle Liste der ausgezeichneten Krankenhäuser finden Sie unter **babyfreundlich.org.**

in Deutschland die Kriterien von Weltgesundheitsorganisation (WHO) und UNICEF für ein babyfreundliches Krankenhaus. In anderen Ländern, wie beispielsweise Schweden, sind fast alle Krankenhäuser stillfreundlich.

Untersuchungen zeigen, dass bei der Stillförderung noch einiges zu tun ist. Zwar stillen zwei Drittel der Mütter (68 Prozent) ihr Kind nach der Geburt ausschließlich, nach zwei Monaten sind es jedoch nur noch 57 Prozent. Nach vier Monaten wird nur noch etwa jeder dritte Säugling in Deutschland ausschließlich gestillt. Die anderen erhalten bereits Beikost.

Die Initiative *„Deutschland wird stillfreundlich"* bescheinigt Deutschland nach umfassender Bestandsaufnahme nur eine *„moderate"* Stillfreundlichkeit. Diese zu verbessern, ist eine gesamtgesellschaftliche Aufgabe.

Werbung für Flaschenmilch

Es ist gesetzlich verboten, Werbung für Muttermilchersatzprodukte zu machen, die Eltern zum Kauf anregen soll. Dazu gehört auch die Verteilung kostenloser Proben im Krankenhaus. Der Eindruck, dass Flaschennahrung der Muttermilch gleichwertig oder überlegen sei, darf ebenfalls nicht erweckt werden.
Doch Werbesprüche wie *„Ist genau auf die Ernährungsbedürfnisse Ihres Babys von Geburt an abgestimmt."* oder *„ideal zum Zufüttern"* verleiten zu einem früheren Abstillen. Wenn Ihr Baby jedoch weniger an der Brust trinkt, geht die Milchmenge zurück. Nur durch häufiges Anlegen kann die Milchproduktion wieder gesteigert werden, und ein Säugling erhält genau die Trinkmenge, die er benötigt.

→ ZUM WEITERLESEN

Weitere Informationen zum Thema *„Deutschland wird stillfreundlich"* erhalten Sie auf der Website **gesund-ins-leben.de.**

Überall sollten stillfreundliche Bedingungen geschaffen werden. Nicht nur zu Hause, sondern auch am Arbeitsplatz und in der Öffentlichkeit brauchen Mütter mehr Unterstützung beim Stillen.

Bei Problemen rund um das Thema Stillen können sich Mütter an ihre Hebamme oder eine Stillgruppe in der Nähe wenden. Viele Schwierigkeiten lassen sich mit Hilfe von anderen stillenden Müttern lösen.

Auch ein Milchstau und eine beginnende Brustentzündung müssen nicht zum Abstillen führen, denn eine gute Entleerung der Brust durch häufiges Anlegen und eventuelles Ausstreichen der Milch beschleunigt das Abklingen der Symptome. Allerdings ist in diesem Fall die Unterstützung durch Fachpersonal wie Hebammen oder Laktationsberaterinnen sinnvoll.

Jede stillende Frau hat nicht nur in den ersten zehn Tagen nach der Geburt, sondern in der gesamten Stillzeit bei Stillschwierigkeiten Anspruch auf die Betreuung durch eine Hebamme. Die Kosten dafür übernimmt die Krankenversicherung.

Stillen nach Bedarf

Feste Stillzeiten sind unnötig: Jeder Säugling ist eine kleine Persönlichkeit mit individuellen Bedürfnissen. Die einen trinken schnell, die anderen mögen lieber langsam nuckeln. Einige kommen schon am Anfang mit sechs bis acht Mahlzeiten aus. Die Mehrzahl der Kinder hat ungefähr zehn- bis zwölfmal in 24 Stunden Hunger.

Am besten ist es, die Zeichen des Säuglings verstehen zu lernen und bedarfsgerecht zu stillen – egal ob aus Hunger oder aufgrund des Bedürfnisses nach Nähe.

Die meisten Säuglinge verlieren nach der Geburt etwas an Gewicht, wobei der Gewichtsverlust zwischen dem dritten und vierten Lebenstag am größten ist. Dies ist völlig normal. Bei gesunden Neugeborenen, die nach Bedarf gestillt werden, besteht daher keine Notwendigkeit, Flüssigkeit oder Nahrung zuzufüttern.

Bei einem Gewichtsverlust von mehr als sieben bis zehn Prozent sollten sich Eltern hinsichtlich des Stillens (z. B. richtiges Anlegen) beraten lassen. Zugefüttert werden sollte nur auf Anweisung der Hebamme oder eines Arztes beziehungsweise einer Ärztin.

Das Baby jedes Mal vor und nach dem Stillen zu wiegen, ist übrigens nicht notwendig und bedeutet unnötigen Stress für Eltern und Kind. Besteht dennoch die Befürchtung, dass das Baby nicht satt wird, ist es am besten, zweimal pro Woche immer zur gleichen Tageszeit zu wiegen und das Gewicht zu kontrollieren. Ein gesundes Kind nimmt im ersten Lebenshalbjahr etwa 120 bis 200 Gramm pro Woche zu.

→ ZUM WEITERLESEN

Bei Fragen zum Stillen empfehlen wir Ihnen die Broschüre *„Stillen – Basis für das Leben"* des Hebammenverbandes. Weitere Informationen zum Thema finden Sie auch auf den Internetseiten **hebammenverband.de, lalecheliga.de** und **bdl-stillen.de.**

INFO

Wachstumsschübe beachten

Zwischen dem 10. und 14. Tag und in der 4. und 6. Lebenswoche machen Säuglinge häufig kräftige Wachstumsschübe. Dann haben Sie vielleicht das Gefühl, dass die Milch nicht reicht. Durch häufigeres Anlegen können Sie Ihre Milchmenge steigern und an die Bedürfnisse des Babys anpassen. Zufüttern von Milchnahrung unterbindet diesen Prozess und ist häufig der Einstieg ins Abstillen.

Speziallebensmittel und Nahrungsergänzungen

Die Hersteller von Babynahrung haben werdende und stillende Mütter als Zielgruppe für Spezialnahrungsmittel und Nahrungsergänzungen im Visier.

Doch Experten sind sich einig: In der Stillzeit kann der zusätzliche Energie- und Nährstoffbedarf durch ganz normale Lebensmittel gedeckt werden. Wichtig ist, abwechslungsreich und regelmäßig zu essen.

Der zusätzliche Bedarf an Nahrungsenergie (Kalorien) für die Milchbildung beträgt etwa 500 Kalorien pro Tag und ist damit stärker erhöht als in der Schwangerschaft. Trotzdem kann durch eine ausgewogene Ernährung sowohl der zusätzliche Energiebedarf als auch der Mehrbedarf an Vitaminen, Mineralstoffen und Spurenelementen gedeckt werden, zum Beispiel durch:

→ 1 Portion Fisch mit Gemüse und Vollkornnudeln (zubereitet mit 1 EL Rapsöl) und ein kleiner Obstsalat als Nachtisch

oder

→ 2 Scheiben Vollkornbrot mit Butter/Margarine und Käse sowie 1 kleiner Joghurt und 1 Stück Obst

Ausnahme Jod

Die Versorgung mit dem für die Funktionsfähigkeit der Schilddrüse wichtigen Spurenelement in der Stillzeit bleibt schwierig: Deshalb wird empfohlen, täglich etwa 100 Mikrogramm Jod in Form von Supplementen einzunehmen und zwar zusätzlich zur Verwendung von Jodsalz im Haushalt. Vorsicht: Getrocknete Algenpräparate können sehr hohe und schwankende Jodgehalte aufweisen – deshalb sollten Sie diese lieber nicht verwenden.

Vegetarische oder vegane Ernährung

Auch durch eine vegetarische Ernährung, die Milchprodukte und Eier enthält, lässt sich der Nährstoffbedarf in der Stillzeit decken. Die Lebensmittel müssen jedoch gezielt ausgewählt und richtig kombiniert werden.

Wer sich während der Stillzeit vegan ernährt, sollte unbedingt eine medizinische Beratung in Anspruch nehmen. Denn in diesem Fall ist immer die Einnahme von Mikronährstoffsupplementen notwendig. Ohne die Supplemente birgt diese Ernährungsweise ernsthafte gesundheitliche Risiken für das Baby, vor allem für die Entwicklung des kindlichen Nervensystems.

INFO

Ernährung der Mutter ist wichtig

Frauen, die sich über Jahre hinweg vegetarisch und von biologisch erzeugten Produkten ernährten, hatten bei Untersuchungen die geringsten Schadstoffwerte. Essen Sie daher möglichst vollwertig, d.h. zu jeder Mahlzeit Gemüse und zweimal am Tag Obst, viele Vollkornprodukte und wenig Fleisch. Beziehen Sie Ihre Lebensmittel nach Möglichkeit aus ökologischem Anbau!

Schadstoffe in der Muttermilch

Die Schadstoffgehalte in der Muttermilch sind in den letzten Jahren gesunken. Expertinnen und Experten sind sich einig, dass die Vorteile des Stillens die Nachteile der Schadstoffbelastung bei Weitem überwiegen.

So ergaben Untersuchungen von Muttermilch in den letzten 20 Jahren eine Abnahme der Rückstandsgehalte bei Organochlorpestiziden um 50 bis 80 Prozent und bei den gefürchteten Umweltgiften PCB und Dioxinen um 70 bis 80 Prozent.

Die Befürchtung, dass der umstrittene Unkrautvernichter Glyphosat in Muttermilch zu finden ist, hat sich nicht bestätigt. Eine Untersuchung im Auftrag des Bundesinstituts für Risikobewertung (BfR) an 114 Muttermilchproben fand keine Rückstände von Glyphosat in Muttermilch.

So erfreulich die geringe Belastung von Muttermilch mit Schadstoffen ist, gibt es keinen Grund zur generellen Entwarnung. Denn in den letzten Jahren sind immer mal wieder erhöhte Belastungen mit sogenannten perfluorierten Tensiden (PFT), auch deklariert als per- und polyfluorierte Alkylsubstanzen (PFAS) oder per- und polyfluorierte Chemikalien (PFC), bekannt geworden.

Verbraucherverbände fordern seit Jahren, den Schadstoffeintrag in die Umwelt deutlich zu reduzieren, um Kinder vor Umweltgiften zu schützen. Dazu gehören:

- ein weltweites Anwendungs- und Herstellungsverbot besonders schwer abbaubarer Chemikalien, z. B. Tributylzinn (TBT), DDT und PCB.
- schärfere Kontrollen bei Lebens- und Futtermitteln.
- niedrige Grenzwerte für Rückstände, die am gesundheitlichen Verbraucherschutz und nicht wie bisher häufig an wirtschaftlichen Interessen orientiert sind.

Nicht außer Acht gelassen werden sollte die Tatsache, dass durch neue Produkte und Herstellungsverfahren auch neue und bisher unbekannte Schadstoffe in Zukunft eine Rolle spielen können. Daher muss die Politik eine engmaschige Kontrolle mit niedrigen Grenzwerten gewährleisten.

Muttermilch untersuchen lassen

Nur wenn ein Verdacht auf eine erhöhte Belastung besteht, sollte man Muttermilch untersuchen lassen. Dies kann beispielsweise der Fall sein, wenn

- eine Familie in einem alten Haus in mit Holzschutzmitteln belasteten Räumen wohnt,
- Mütter an ihrem Arbeitsplatz Schadstoffen wie Lösemitteln oder Pestiziden ausgesetzt sind oder
- der Wohnort in einer besonders schadstoffbelasteten Region ist, z. B. in der Nähe einer Müllverbrennungsanlage oder Chemiefabrik.

Mütter, die ihre Milch untersuchen lassen möchten, können sich an die Muttermilch-Untersuchungsstellen der Bundesländer wenden.

Bestimmte Fischsorten meiden

Einige Fischsorten können stärker mit dem Schwermetall Quecksilber belastet sein. Dazu zählen beispielsweise Hai, Heilbutt, Schwertfisch und Thunfisch. Da Kinder im Mutterleib und Säuglinge besonders empfindlich auf Schadstoffe reagieren, werden bei zu hoher Quecksilberaufnahme Entwicklungsstörungen befürchtet. Das Bundesumweltministerium empfiehlt daher schwangeren und stillenden Frauen, den Verzehr dieser Fischsorten einzuschränken. Die in Deutschland gängigsten Fischsorten wie Hering, Seelachs, Forellen oder Karpfen sind nicht betroffen.

Medikamente, Alkohol, Nikotin und Koffein

Nicht nur Umweltgifte, sondern auch Alkohol, Nikotin, Koffein und Arzneimittel, die von Müttern konsumiert werden, können in die Muttermilch übergehen und vom Säugling mitgetrunken werden.

Während wir den Umweltgiften weitgehend wehrlos ausgesetzt sind, können sogenannte Genussgifte und Tabletten in der Stillzeit gezielt eingeschränkt bzw. ganz vermieden werden. Auch wenn diese Einschränkungen vielfach als lästig empfunden werden: Die Gesundheit des Babys sollte Vorrang haben.

→ **Medikamente:** Es ist ratsam, während der Stillzeit auf die Einnahme von Medikamenten zu verzichten und die speziellen Hinweise für stillende Mütter auf den Beipackzetteln zu lesen. Sind Mütter selbst wegen gesundheitlicher Probleme auf die Einnahme von Arzneimitteln angewiesen, so sollten sie mit Ihrem Arzt oder Ihrer Ärztin darüber sprechen. Sie können eventuell ein anderes, besser verträgliches Mittel empfehlen.

Zusätzliche Hilfestellung leistet die Website **embryotox.de**. Dort ist veröffentlicht, welche Medikamente während der Schwangerschaft und Stillzeit eingenommen werden können.

Generell gilt: Je höher die Dosis, desto gefährlicher sind die Wirkstoffe für das Baby. So können beispielsweise Psychopharmaka Säuglinge ständig schläfrig machen oder Antibiotika Durchfall verursachen.

→ **Alkohol:** In Deutschland kommen jährlich etwa 3.000 schwer alkoholgeschädigte Kinder auf die Welt. Sie leiden unter Missbildungen oder Behinderungen, weil die Mütter in der Schwangerschaft zu viel Alkohol getrunken haben.

Die Zahl der Kinder, die aus dem gleichen Grund später Lernschwierigkeiten, eine beeinträchtigte Sprachentwicklung oder Wahrnehmungsstörungen aufweisen, wird auf etwa 10.000 bis 15.000 geschätzt.

Die Alkoholkonzentrationen in der Muttermilch sind kaum niedriger als im Blut, sodass Stillende nicht nur während der Schwangerschaft, sondern auch in der Stillzeit Alkohol meiden sollten. Beim Stillen nimmt der Säugling etwa drei Prozent der von der Mutter getrunkenen Alkoholmenge zu sich. Ein Gläschen Sekt, Wein oder Bier sollte man sich nur gelegentlich gönnen, und zwar nicht vor dem Stillen, sondern direkt danach und mit einem ausreichenden Zeitabstand von mehreren Stunden zur nächsten Stillmahlzeit. *„Hochprozentiges"* (Whisky, Rum, Korn oder Cognac) und regelmäßiger Alkoholkonsum, zum Beispiel jeden Tag ein Bier, können die gesunde Entwicklung eines Babys beeinträchtigen.

Am sichersten für das Baby ist es, wenn während der Stillzeit gänzlich auf Alkohol verzichtet wird – vor allem während der ersten Lebensmonate und besonders dann, wenn ausschließlich und häufig gestillt wird.

→ ZUM WEITERLESEN

In der Broschüre „*Stillen und Alkohol*“ vom Hebammenverband erfahren Sie, wie sich Stillen und der Konsum alkoholischer Getränke am besten miteinander vereinbaren lassen.
Mehr Infos unter **hebammenverband.de.**

→ **Nikotin:** Während der Schwangerschaft, in der Stillzeit und generell in Gegenwart von Kindern sollte das Rauchen für beide Eltern tabu sein. Denn Tabakrauch enthält neben Nikotin auch viele andere Gifte, zum Beispiel das Schwermetall Cadmium und Formaldehyd. Viele werden nicht nur über das Einatmen, sondern auch über die Muttermilch direkt vom Baby aufgenommen.

Säuglinge, die Zigarettenrauch einatmen müssen, leiden häufiger unter Reizungen der Atemwege, Bronchitis, Lungenentzündung und Allergien. Nikotin in der Muttermilch verengt die Blutgefäße und erhöht den Herzschlag des Babys.

→ **Koffein:** Als Bestandteil von Kaffee, schwarzem und grünem Tee regt Koffein das Nervensystem an, steigert die Herztätigkeit und erhöht den Blutdruck. Was bei Erwachsenen zu einer kurzfristigen Steigerung der Leistungsfähigkeit führt, kann Babys nervös und unruhig machen. Denn die anregende Wirkung von Koffein kann sich über die Muttermilch auf das Baby übertragen.

Normalerweise sind zwei bis drei Tassen Kaffee oder Tee am Tag unbedenklich. Wenn Ihr Baby auch nach längerer Zeit nachts nicht durchschläft oder häufig sehr unruhig ist, versuchen Sie einmal eine Zeit lang auf Kaffee und Tee zu verzichten.

Übrigens: Cola-Getränke und insbesondere Energy-Drinks können sehr viel Koffein enthalten.

Säuglingsmilch

Falls Mütter nicht stillen können oder wollen, etwa wegen einer eigenen Krankheit oder der des Kindes, ist es auch möglich, seinen Säugling mit Fertigmilch gesund zu ernähren. Auf viele Vorteile der Muttermilch müssen Mutter und Kind zwar verzichten, aber es lässt sich eine ebenso liebevolle Beziehung zum Kind aufbauen.

Von Natur aus gibt es Unterschiede in der Zusammensetzung von Kuhmilch und Muttermilch. Daher ist Kuhmilch unverändert nicht zur Säuglingsernährung geeignet.

So enthält Kuhmilch mehr Eiweiß und Mineralstoffe, aber weniger Fett und Kohlenhydrate als Muttermilch. Gerade der hohe Eiweiß- und Mineralstoffgehalt würde hier im Vergleich zur Muttermilch die Nieren des Kindes belasten. Flaschenmilch ist zwar nur die zweitbeste Lösung, hat sich hinsichtlich ihrer Zusammensetzung der Muttermilch aber mittlerweile sehr angenähert. Damit dieser Vorteil industriell hergestellter Muttermilchersatzprodukte erhalten bleibt, ist es wichtig, sich bei der Zubereitung der Milch an die Herstellerangaben zu halten.
Bei Unterdosierungen können Mangelerscheinungen auftreten. Noch viel häufiger werden jedoch durch einen Löffel Pulver mehr, die Zugabe von Haferflocken oder anderen Getreidezubereitungen die Nieren der Säuglinge überlastet.

Nährstoffe von Muttermilch und Kuhmilch

Inhaltsstoffe pro 100 g	Muttermilch	Kuhmilch
Eiweiß	1,1 g	3,3 g
Fett	4,0 g	3,6 g
Kohlenhydrate	7,0 g	4,6 g
Mineralstoffe	210 mg	740 mg

TIPP

Folgemilch für Milchbreizubereitung?

Für das Anrühren von Getreidebrei im zweiten Lebenshalbjahr können Sie – anders als von der Lebensmittelindustrie häufig empfohlen – normale Kuhmilch statt Folgemilch verwenden.

→ **Säuglingsnahrung Pre:** Säuglingsmilchnahrung mit der Bezeichnung *„Pre“* enthält wie die Muttermilch als einziges Kohlenhydrat Milchzucker. Sie ist dünnflüssig und kann dem Baby immer dann gegeben werden, wenn es Hunger hat.

Psychologen haben herausgefunden, dass die Kinder am zufriedensten sind, die nach Bedarf und nicht nach festen Zeitplänen gefüttert werden. Befürchtungen, dass ein Baby davon nicht satt wird, sind unnötig. Untergewicht im Säuglingsalter kommt selten vor, ständige Überfütterung dagegen häufiger.

Mindestens in den ersten sechs Lebensmonaten sollten Eltern Muttermilchersatzprodukte mit der Bezeichnung *„Pre“* bevorzugen. Sie können bis zum ersten Geburtstag des Kindes und darüber hinaus gegeben werden. Ab dem Alter von einem Jahr ist auch Kuhmilch geeignet.

→ Säuglingsnahrung 1:
Muttermilchersatzprodukte mit der Ziffer „1" können neben Milchzucker weitere Kohlenhydrate wie Stärke oder Maltose enthalten. Sie entsprechen der Muttermilch daher nur noch teilweise und können zu einer längeren Sättigungsdauer und damit zu weniger Mahlzeiten pro Tag führen.

→ Folgemilchnahrung:
Völlig überflüssig sind die sogenannten Folgemilchprodukte. Sie dürfen neben dem Milchzucker auch Haushaltszucker (Saccharose), Fruktose oder Honig enthalten und sind daher häufig sehr süß. So werden Babys viel zu früh auf einen sehr süßen Geschmack geprägt. Folgemilchnahrung ist daher nicht als Muttermilchersatz in den ersten sechs Lebensmonaten geeignet.

Muttermilchersatzprodukte im Überblick

	Säuglingsanfangsnahrung		**Folgemilch**
	Pre	1	2 und 3
Als Ersatz für Muttermilch geeignet?	ja	bedingt	nein
Unterschiede in der Nährstoffzusammensetzung?	enthält wie Muttermilch nur Milchzucker	kann zusätzlich z. B. Stärke oder Maltose enthalten	kann zusätzlich Saccharose, Fruktose und Honig enthalten
Empfehlenswert?	ja	bedingt, nur wenn ohne zugesetzten Zucker (außer Laktose)	überflüssig

Erlaubte Zusätze in Muttermilchersatzprodukten und ihr Nutzen

Bezeichnung	Was ist das?	Nutzen belegt?
Probiotisch	→ Milchsäurebakterien, die die Darmflora positiv beeinflussen und gesundheitsfördernd wirken sollen	→ Nutzen umstritten, Studien liefern uneinheitliche Ergebnisse → nicht geeignet für immungeschwächte und herzkranke Säuglinge
Präbiotisch (GOS/FOS)	→ Unverdauliche Nahrungsbestandteile (Frukto- (FOS) bzw. Galaktooligosaccharide (GOS), die Wachstum und Aktivität von Mikroorganismen im Darm fördern	→ Nutzen umstritten, widersprüchliche Studienergebnisse
LC-PUFA	→ langkettige, mehrfach ungesättigte Fettsäuren, die wichtig für Gehirnentwicklung und Sehfähigkeit sind	→ Nutzen für Frühgeborene belegt → bei reif geborenen Säuglingen langfristig keine Unterschiede nachweisbar
Taurin	→ Aminosäure, die der Säugling selbst nicht ausreichend bilden kann – in der Muttermilch enthalten	→ wichtig für die Entwicklung des Nerven- und Immunsystems
Nukleotide	→ natürliche Bestandteile der Muttermilch und an zahlreichen biochemischen Prozessen im Körper beteiligt	→ möglicher Einfluss auf die Darmflora, die Entwicklung des Immunsystems und das Schlafverhalten

INFO

3-MCPD-Fettsäureester in Säuglingsmilch

Ende 2007 wurden in Säuglingsnahrungen erstmals sogenannte 3-MCPD-Fettsäureester festgestellt. Dabei handelt es sich um Substanzen, die bei starker Erhitzung von gleichzeitig fett- und salzhaltigen Lebensmitteln entstehen. In Muttermilchersatzprodukte gelangen sie über die zugesetzten raffinierten Fette. Zurzeit lässt es sich technologisch nicht vermeiden, dass Spuren an 3-MCPD- Fettsäureestern entstehen. Ein Abbauprodukt der 3-MCPD-Ester – sogenanntes 3-MCPD – ist als Schadstoff seit langem bekannt und hat im Tierversuch in größeren Mengen gutartige Tumore und Veränderungen an den Nieren ausgelöst. 3-MCPD gilt als möglicherweise krebserregend für den Menschen. Das Bundesinstitut für Risikobewertung (BfR) sieht bisher keine Hinweise auf eine gesundheitliche Schädigung bei Kindern, die mit industriell gefertigten Muttermilchersatzprodukten ernährt wurden. Das BfR hat aber die Hersteller aufgefordert, Maßnahmen zu ergreifen, um die Entstehung von 3-MCPD-Estern zu minimieren. Weitere Informationen dazu finden sich auf **bfr.bund.de.**

Spezialnahrungen bei Spucken, Blähungen und Durchfall

Sie stehen in den Regalen der Drogerien neben herkömmlicher Säuglingsanfangsnahrung, werden aber als *„Lebensmittel für besondere medizinische Zwecke"* bezeichnet: Spezialnahrungen gegen Spucken, Durchfall, Bauchschmerzen oder Verstopfungen.

Eltern müssen sie teuer bezahlen, dabei halten Ärzte sie in den meisten Fällen für überflüssig und ihr Nutzen gilt als nicht belegt. Blähungen und eine stärkere Neigung zum Spucken sind bei Säuglingen ganz normal. Heilnahrungen gegen Durchfallerkrankungen sind überflüssig, denn bei Durchfall geht es primär darum, den Flüssigkeitsverlust beispielsweise durch Glucose-Elektrolyt-Lösungen wieder auszugleichen. Zudem sollen Lebensmittel für besondere medizinische Zwecke laut Gesetz nur *„unter ärztlicher Aufsicht"* verwendet werden, doch die ist in Supermärkten und Drogerien offensichtlich nicht gegeben.

Daher sollten diese Spezialnahrungen wirklich nur nach Rücksprache mit medizinischem Fachpersonal verwendet werden.

Säuglingsnahrung zur Allergievorbeugung

→ **HA-Nahrung:** Bisher wurde für Kinder mit einem erhöhten Allergierisiko, die nicht oder nicht vollständig gestillt werden, die Gabe von HA-Nahrung empfohlen. Bei diesen Spezialnahrungen ist das verwendete Eiweiß durch technologische Prozesse so weit abgebaut, dass es nur noch in Einzelfällen vom Körper des Säuglings als Fremdeiweiß erkannt wird.

Dieser präventive Nutzen wird zunehmend kritisch hinterfragt. So reichen laut der aktualisierten S3-Leitlinie zur Allergieprävention die wissenschaftlichen Grundlagen für eine allgemeine Empfehlung nicht mehr aus.

Eltern sollten sich bei Fragen zur Allergieprävention am besten von ihrer Kinderärztin oder ihrem Kinderarzt beraten lassen.

TIPP

Keine HA-Nahrung bei Kuhmilchallergie

Ist Ihr Kind bereits an einer Kuhmilchallergie erkrankt, dürfen Sie auf keinen Fall HA-Nahrungen geben, da sie bei bereits sensibilisierten Kindern schwere allergische Reaktionen auslösen können.

INFO

Gentechnisch verändertes Soja in Babynahrung

Die kritische Sicht auf gentechnisch veränderte Lebensmittel und die Veröffentlichung von Testergebnissen in den vergangenen Jahren haben dazu geführt, dass Firmen ihre Produkte mittlerweile besser kontrollieren. Gentechnisch verändertes Soja ist nur noch in Spuren in Babynahrung – und die sind auf Verunreinigungen zurückzuführen.

→ **Sojanahrung:** Soja ist ein fast ebenso starkes Allergen wie Kuhmilch. Viele Kinder, die im ersten Lebenshalbjahr Sojamilch statt Kuhmilch bekamen, sensibilisierten sich gegen Sojaeiweiß und wurden ebenfalls allergiekrank. Daher werden Muttermilchersatzprodukte auf Sojaproteinbasis nicht zur Vorbeugung empfohlen. Hinzu kommt, dass Säuglingsnahrungen auf Sojabasis einen hohen Gehalt an Phytoöstrogenen aufweisen, die in ihrer chemischen Struktur und Wirkung dem weiblichen Geschlechtshormon Östradiol ähneln. Wie sich die Zufuhr dieser Stoffe im Säuglingsalter gesundheitlich auswirkt, ist bislang nicht untersucht. Es wird daher empfohlen, Sojanahrungen nur bei einer begründeten Indikation beispielsweise einer angeborenen Milchzuckerunverträglichkeit zu geben.

→ **Ziegenmilch und Stutenmilch:** Gelegentlich wird für allergiegefährdete Kinder auch die Gabe von Ziegen- oder Stutenmilch empfohlen. In ihrer ursprünglichen Form ist weder Ziegen- noch Stutenmilch als Muttermilchersatz geeignet, da sie ebenso wie Kuhmilch in ihrer Zusammensetzung zu stark von Muttermilch abweicht. Zudem weist Säuglingsnahrung auf Ziegenmilchbasis eine ähnlich große Allergenität wie Kuhmilch auf.

Muttermilchersatzprodukte nicht selbst herstellen

Manche Eltern fühlen sich nicht wohl dabei, ihrem Baby Milchpulver aus Dosen oder Pappverpackungen zu geben. Es scheint dem Grundgedanken einer natürlichen Ernährungsweise mehr zu entsprechen, die Milch für das Baby, wenn es denn schon nicht gestillt werden kann, aus frischen Zutaten selbst herzustellen. Doch es gibt gute Gründe, die dagegen sprechen:

→ Kuh- oder Ziegenmilch unterscheidet sich in der Nährstoffzusammensetzung deutlich von Muttermilch. Es ist fast unmöglich, selbst eine Säuglingsmilch herzustellen, die das Verdauungssystem des Säuglings nicht überlastet und ihn trotzdem ausgewogen mit Mineralstoffen und Vitaminen versorgt.

→ Aus Pflanzen hergestellte *„Milch"* wie Soja-, Hafer-, Mandel- oder Reisdrinks sind aufgrund ihrer Nährstoffzusammensetzung ungeeignet für die Ernährung im Säuglingsalter. Sie enthalten zum Beispiel zu wenig Nahrungsenergie, Eiweiß, Eisen und Calcium und ihre alleinige Verwendung kann zu schweren Entwicklungsstörungen führen.

→ Die bei selbst hergestellter Säuglingsmilch notwendigen Zusätze wie Mandeln, Getreide, Karotten- oder Obstsaft erhöhen das Risiko des Kindes, an Allergien oder Zöliakie zu erkranken.

Zubereitung und Hygiene

Wahl des Wassers

Sollten Muttermilchersatzprodukte mit Wasser aus der Leitung zubereitet oder vorsichtshalber mit Mineralwasser angerührt werden, um eine erhöhte Schadstoffbelastung des Babys zu vermeiden? Grundsätzlich ist Leitungswasser eine gute Wahl.

Manchmal kann es jedoch sinnvoll sein, Mineralwasser für die Zubereitung von Säuglingsnahrung zu verwenden. Das ist insbesondere dann der Fall, wenn das Trinkwasser durch eine intensive Landwirtschaft höher mit Nitrat belastet ist. Der Nitratgehalt darf nicht mehr als 10 Milligramm pro Liter betragen.

Auch ein erhöhter Urangehalt wird kritisch gesehen. Das Bundesinstitut für Risikobewertung (BfR) empfiehlt in Gegenden, in denen mehr als 10 Mikrogramm Uran in einem Liter Trinkwasser sind, Milchersatzprodukte mit speziell für die Zubereitung von Säuglingsnahrung geeignetem Mineralwasser anzurühren.

Mineralwasser für Säuglinge

Mineralwasser für die Ernährung von Babys muss einen niedrigen Nitrat- und Mineralstoffgehalt aufweisen, denn für die Ausscheidung größerer Mineralstoffmengen sind die Nieren der Kleinen noch nicht ausgereift genug. Wenn der Hinweis *„geeignet für die Zubereitung von Säuglingsnahrung"* auf dem Etikett steht, müssen folgende Grenzwerte eingehalten werden:

Mineralstoffe	Grenzwert in mg/l
Natrium	20
Nitrat	10
Nitrit	0,02
Sulfat	240
Fluorid	0,7
Mangan	0,05
Arsen	0,005
Uran	0,002

Grenzwerte für Nitrat- und Mineralstoffgehalte in Mineralwasser

Welches Mineralwasser kaufen?

Kaufen Sie möglichst regionale Mineralwassermarken, denn das erspart aufwendige Transporte quer durch Deutschland. Teures *„Babywasser"* aus Plastikflaschen oder Getränkekartons ist überflüssig. Wenn Sie beim Einkauf kein Mineralwasser für Säuglinge finden oder aktuelle Testergebnisse benötigen, wenden Sie sich an Ihre Verbraucherzentrale vor Ort.

Die folgenden Wässer sind für Säuglinge geeignet.
Die Liste erhebt keinen Anspruch auf Vollständigkeit.

Postleitzahlbereich 0
Bad Brambacher Naturell
Franken Brunnen Sanft
Ileburger Sachsen Quelle
Mineralquelle Niederlichtenau
Oppacher Mineralquelle
Regensteiner Mineralbrunnen

Postleitzahlbereich 1
Glashäger
Güstrower Schloßquell
Spreequell Naturell

Postleitzahlbereich 2
hella
Magnus Quelle-Mineralwasser
Mildstedter Urquelle
Unser gutes Husumer
Vilsa Brunnen
Wittenseer Quelle Mineralwasser

Postleitzahlbereich 3
Bad Harzburger Urquell
Blankenburger Wiesenquell
Christinen Carat

Postleitzahlbereich 4
Schloß-Quelle

Postleitzahlbereich 5
Bergquelle naturell

Postleitzahlbereich 6
Elisabethen Quelle

Postleitzahlbereich 7
Black Forest Pearl
HP Ensinger Urquell
Krumbach
Lieler Classic, Vital und Still
Stegbach-Quelle

Postleitzahlbereich 8
Mineralwasser Albertus-Quelle
Brunnthaler Mineralwasser
Dietenbronner
Labertaler Stephanie Brunnen
Siebers-Quelle Mineralwasser

Postleitzahlbereich 9
Höllensprudel
König Otto-Sprudel Piano
Ludwig I. Quelle
Schatzquelle Naturell
Staatl. Bad Brückenauer Mineralwasser
St. Lidwinen Classik
St. Matthias Quelle

Babymilch aus der Mikrowelle

Vereinzelt wurde der Verdacht geäußert, dass durch Mikrowellen erwärmte Milch für Säuglinge und Kleinkinder gesundheitsschädlich sei, weil sich veränderte Aminosäuren (die Bausteine des Eiweißes) bilden würden.

Diese Vermutungen konnten durch wissenschaftliche Untersuchungen nicht bestätigt werden. Da beim Erwärmen von Babymilch oder Breien in der Mikrowelle teilweise Verbrennungen aufgetreten sind, ist es empfehlenswert, die folgenden Vorsichtsmaßnahmen zu beachten:

- → Da die Milchnahrung schneller heiß wird als die Glasflasche und die Erhitzung teilweise ungleichmäßig erfolgt, wird die Temperatur leicht unterschätzt. Vor dem Trinken muss unbedingt ein Temperaturausgleich durch kräftiges Schütteln erfolgen, um Verbrühungen zu vermeiden.
- → Testen Sie vor dem Füttern die Trinktemperatur, indem Sie einige Tropfen des Inhalts auf Ihren Handrücken tropfen lassen.
- → Auch Breie müssen vor dem Essen immer gründlich durchgerührt werden.

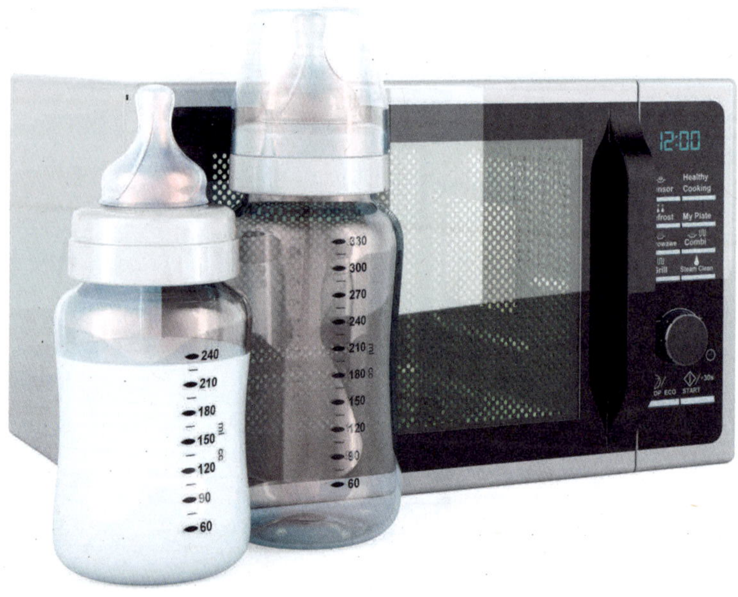

Hygiene bei der Zubereitung

Beim Zubereiten von Muttermilchersatzprodukten muss auf Sauberkeit geachtet werden, da das Verdauungssystem von Säuglingen noch nicht ausreichend geschützt ist. Die Abwehrkräfte gegen Darminfektionen sind sehr schwach.

Zudem bieten Milchnahrungen den idealen Nährboden für Bakterien, die sich darin unter ungünstigen Bedingungen explosionsartig vermehren können.

Die wichtigsten Hygienetipps für die ersten Monate:

- Leitungswasser ablaufen lassen, kaltes Wasser verwenden und vor der Zubereitung abkochen. Dies gilt auch für Mineralwasser, wenn die Flasche bereits geöffnet war. Lassen Sie das Wasser vor dem Anrühren auf 30 bis 40 Grad Celsius abkühlen.
- Wasser aus Boilern und Wasserfiltern sind aus hygienischer Sicht problematisch und sollten nicht verwendet werden.
- Die Nahrung immer frisch zubereiten und Reste nicht wieder verwenden.
- Stundenlanges Aufbewahren fertig zubereiteter Milchnahrung in Wärmebehältnissen auf Reisen oder in der Nacht schafft ideale Bedingungen für Keime und sollte unbedingt vermieden werden. Besser: Notwendige Pulvermenge in der trockenen Flasche aufbewahren; erst bei Bedarf die Nahrung mit abgekochtem Wasser aus der Thermoskanne zubereiten.
- Flaschen und Sauger sollten gründlich und direkt nach jeder Mahlzeit gereinigt und trocken gelagert werden. (Das Auskochen hat keinen weiteren Vorteil.)
- Pulvernahrung trocken lagern und nach Gebrauch fest verschließen.

TIPP

Informationen zu Produktrückrufen

Teilweise müssen Hersteller von Muttermilchersatzprodukten ihre Produkte zurückrufen, weil Keime oder Schadstoffe entdeckt werden. Über aktuelle Rückrufe können Sie sich auf dem Portal lebensmittelwarnung.de informieren.

Wasser, Tee und süße Getränke

Je älter ein Baby wird, desto wichtiger werden Getränke, um den Flüssigkeitsbedarf zu decken. Worauf ist bei Wasser, Tee oder Saft zu achten?

Frisches Leitungswasser

Leitungswasser ist das am besten kontrollierte Lebensmittel in Deutschland und von hoher Qualität. Die Trinkwasserverordnung sieht eine regelmäßige Untersuchung auf Schadstoffe und Mikroorganismen vor. Mit frischem Leitungswasser machen Eltern daher in der Regel nichts falsch. Als Getränk für Kinder ist Leitungswasser die erste Wahl.

Nur wenn das örtliche Trinkwasser einen erhöhten Nitrat-, Uran- oder Bleiwert aufweist beziehungsweise mit anderen Schadstoffen belastet ist, sollte man zu Wasser aus Flaschen greifen.

Schadstoffe im Trinkwasser

Die Rückstandsbelastung des Leitungswassers ist innerhalb Deutschlands sehr unterschiedlich. Insbesondere in Gebieten mit intensiver Landwirtschaft finden sich Spuren vieler Agrarchemikalien wie Mineraldünger oder Pestizide im Grundwasser sowie in Flüssen und Seen wieder. In der Trinkwasserverordnung sind strenge Grenzwerte für

> **TIPP**
>
> **Werte erfragen**
>
> Die Analyseergebnisse für Ihr Trinkwasser erhalten Sie von Ihrem Wasserversorger – meistens findet man sie auch auf der Internetseite des Unternehmens. Die Verbraucherzentrale in Ihrer Nähe kann Ihnen bei der Beurteilung der Trinkwasserqualität weiterhelfen.

Schadstoffe im Leitungswasser festgelegt, die die Wasserwerke einhalten müssen.

Das Trinkwasser in Deutschland hat eine gute bis sehr gute Qualität. Bei 120.000 Messungen pro Parameter und Jahr zwischen 2017 und 2019 kam heraus, dass fast alle mikrobiologischen und chemischen Qualitätsparameter mit Ausnahme weniger Wirkstoffe in Pflanzenschutzmitteln zu mehr als 99 Prozent eingehalten wurden.

Schadstoffe	Grenzwert in mg/l
Einzelne Pestizide	0,00010
Summe aller Pestizide	0,00050
Blei	0,010
Cadmium	0,0030
Uran	0,010
Quecksilber	0,0010
Nitrat	50

Grenzwerte für Schadstoffe im Trinkwasser

→ **Pestizide:** Anders als bei anderen Lebensmitteln gibt es für Trinkwasser einen Summengrenzwert für alle Pestizide. Damit wird die Tatsache berücksichtigt, dass sich verschiedene Pestizide in ihrer Schadstoffwirkung gegenseitig verstärken können.

→ **Nitrat:** Durch die Überdüngung landwirtschaftlicher Flächen gelangt beispielsweise Nitrat ins Grundwasser. Vor allem Selbstversorger, die ihr Trinkwasser aus eigenen Brunnen gewinnen, müssen hier vorsichtig sein und den Nitratgehalt regelmäßig untersuchen lassen. Die Wasserwerke sorgen durch das Mischen von unbelastetem und belastetem Wasser dafür, dass der Nitratgrenzwert der Trinkwasserverordnung eingehalten wird. Deutlich bis stark erhöhte Nitratwerte im Grundwasser wurden in einer Untersuchung in rund 17 Prozent aller Messstellen gefunden.

Nitrat kann für Säuglinge in den ersten Lebensmonaten gefährlich werden, wenn es von Bakterien in das Zellgift Nitrit umgewandelt wird. Dies geschieht im Trinkwasser oder später im Körper. Nitrit behindert den Sauerstofftransport im Blut und kann bei Säuglingen zu Erstickungsanfällen führen (Blausucht). Außerdem können sich aus Nitrit sowohl bei der Lebensmittelzubereitung als auch im Verdauungstrakt krebserregende Nitrosamine bilden. Eine grobe Einschätzung des Nitratgehaltes von Leitungswasser kann mit Teststäbchen erfolgen, die in der Apotheke erhältlich sind.

Wenn Säuglinge im Haushalt leben, ist jedoch eine genaue Labormessung notwendig. Da Babys besonders empfindlich sind, sollte der gesetzliche Grenzwert unbedingt eingehalten werden. Wasser mit mehr als

50 Milligramm Nitrat pro Liter ist für die Säuglingsernährung nicht geeignet.

→ **Uran:** Als radioaktives Schwermetall kommt Uran natürlicherweise in geringen Konzentrationen im Erdboden und im Wasser vor. In größeren Mengen aufgenommen, kann es sich im Körper anreichern und vor allem Lunge, Leber und Nieren schädigen.

Der kindliche Organismus reagiert empfindlicher auf Uran als der erwachsene. Jedoch stellte das Bundesinstitut für Risikobewertung in einer Stellungnahme zur radioaktiven Wirkung von Uran heraus, dass von der in Mineral- und Leitungswasser vorkommenden Menge kein bedeutsames Risiko für die Gesundheit ausgeht. Deshalb wurde der ehemalige Grenzwert für Säuglinge von zwei Mikrogramm pro Liter auf den für die allgemeine Bevölkerung geltenden Wert von 10 Mikrogramm Uran pro Liter Wasser angepasst.

Die Stiftung Warentest hat 2019 das Trinkwasser in einigen Bundesländern untersucht und fand keine Überschreitung des Grenzwertes von zehn Mikrogramm Uran. In lediglich drei Orten lag der Wert bei über zwei Mikrogramm Uran pro Liter Trinkwasser.

TIPP

Infos zu Urangehalt

Genaue Uranwerte für Leitungswasser können Sie bei Ihrem örtlichen Wasserwerk erfragen.

→ **Blei:** Fließt Wasser im Haus durch Bleirohre, kann es zu viel von diesem giftigen Metall enthalten, da es aus den Innenwänden der Rohre herausgelöst wird. Zu hohe Bleiwerte im Trinkwasser sind für Säuglinge und Kleinkinder besonders schädlich.

Bleirohre finden sich häufig noch in älteren Häusern (Baujahr vor 1973). Sie klingen beim Draufschlagen nicht metallisch, sondern dumpf.

In Häusern, die ab 1990 errichtet wurden, finden sich keine Bleileitungen mehr, da diese seitdem nicht mehr verbaut werden dürfen. Die Novellierung der Trinkwasserverordnung von 2023, die noch in nationales Recht umgesetzt werden muss, sieht vor, dass alte Bleileitungen bis 2026 ausgetauscht oder stillgelegt werden müssen.

Besonders hoch sind die Bleiwerte in dem Wasser, das über Nacht in der Leitung gestanden hat (Standwasser), doch selbst nach einer Stunde steigt die Bleikonzentration schon wieder erheblich an. Der Grenzwert für die Bleibelastung liegt bei 0,01 Milligramm pro Liter.

Dieser sehr niedrig gewählte Grenzwert hat zur Folge, dass Wasser aus Bleileitungen diesen in der Regel nicht einhalten kann und somit sofort als solches erkannt wird.

INFO

Gesundheitsschäden durch zu viel Blei

Eine zu hohe Bleikonzentration im Wasser kann die kindliche Intelligenzentwicklung beeinträchtigen, zu Appetitlosigkeit und Mattigkeit führen sowie Nierenerkrankungen verursachen.

Da Säuglinge und Kleinkinder besonders empfindlich auf den Schadstoff Blei reagieren, sollte für sie dieser in der EU-Trinkwasserrichtlinie vorgegebene Wert auf jeden Fall eingehalten werden.

Liegt der Verdacht nahe, dass in einem Haus oder einer Wohnung Bleirohre verlegt sind, sollte das Wasser analysiert werden. Die Untersuchung kostet je nach Umfang rund 45 Euro. Einige Wasserwerke bieten kostenlose Untersuchungen an, wenn Schwangere oder Säuglinge bis zu einem Jahr im Haushalt leben. Behörden, Gesundheitsämter, Lebensmittel-Untersuchungsanstalten oder private Labore messen die Bleibelastung des Wassers ebenfalls. Wird der Grenzwert überschritten, ist es generell zu empfehlen, die alten Wasserrohre gegen neue auszutauschen. Mieterinnen und Mieter sollten sich bei einer zu hohen Bleibelastung ihres Trinkwassers an die Verbraucherzentrale oder den Mieterverein in ihrer Nähe wenden; sie geben Auskunft zu den rechtlichen Möglichkeiten.

TIPP

Wasser ablaufen lassen

Verwenden Sie Wasser, das über längere Zeit in Leitungen gestanden hat, nicht zum Essen und Trinken. Lassen Sie dieses Wasser immer circa fünf Minuten ablaufen oder nehmen Sie es zum Duschen, Abwaschen und Gießen der Blumen.

→ **Kupfer:** Säuglinge und Kleinkinder bis zu zwei Jahren reagieren sehr empfindlich auf Kupfer, da ihr Organismus überschüssig aufgenommenes Kupfer nicht so gut ausscheiden kann. In der Vergangenheit kam es bei nicht gestillten Säuglingen gelegentlich zu schweren Gesundheitsproblemen, der sogenannten frühkindlichen Leberzirrhose, wenn ihre Nahrung mit durch Kupfer belastetem Wasser zubereitet wurde.

Normalerweise bildet sich an der Innenwand von Wasserleitungen aus Kupfer mit der Zeit eine Schicht, die verhindert, dass sich das in größeren Mengen giftige Metall aus den Rohren löst. Die Schutzschicht entsteht jedoch nicht, wenn das Wasser einen niedrigen pH-Wert aufweist. In Gegenden, wo der pH-Wert des Trinkwassers kleiner als

7,3 ist, sollten daher keine Kupferrohre bei der Hausinstallation verwendet werden. Zum Problemfall wurde Kupfer in der Vergangenheit immer nur dann, wenn Wasser mit einem niedrigen pH-Wert (kleiner als 7,0) aus privaten Hausbrunnen zum Einsatz kam und neue Wasserleitungen aus Kupfer verlegt worden waren. Das Wasser stammte in keinem Fall aus einem öffentlichen Trinkwassernetz.

Seit 2003 gilt laut Trinkwasserverordnung ein Grenzwert für Kupfer von zwei Milligramm pro Liter Wasser. Deutsche Gesundheitsbehörden sowie die Weltgesundheitsorganisation halten den Wert für gesundheitlich unbedenklich, andere Sachverständige sprechen sich für einen Wert von nicht mehr als 0,3 Milligramm pro Liter aus. Übrigens: Muttermilch enthält 0,2 Milligramm Kupfer pro Liter.

INFO

Gesundheitsschäden durch zu viel Kupfer

Eine zu hohe Kupferkonzentration im Wasser kann Magen-Darm-Beschwerden oder Durchfall verursachen, zu Nervenschäden führen oder eine Leberzirrhose verursachen, die schlimmstenfalls tödlich endet.

TIPP

Neue Kupferrohre – was tun?

- **Wenn Sie Ihr Kind nicht stillen und es ausschließlich mit Trinkwasser zubereitete Säuglingsnahrung erhält, sollten Sie den Rat Ihres örtlichen Gesundheitsamts einholen. Dort kann man Ihnen sagen, ob mit einer erhöhten Kupferbelastung Ihres Trinkwassers zu rechnen ist. Im Zweifelsfall gibt eine Wasseranalyse durch ein Labor oder das Wasserwerk Aufschluss. Sind die Kupferwerte hoch, so sollten Sie sicherheitshalber Mineralwasser verwenden.**
- **Wenn erst kürzlich Kupferrohre installiert worden sind, kann eine Analyse auch zum Schutz der übrigen Familienmitglieder vor hoher Kupferbelastung sinnvoll sein. Bis zur Herausbildung einer Schutzschicht dauert es einige Monate – im Einzelfall bis zu zwei Jahre.**
- **Wie bei Blei können Sie auch die Belastung mit Kupfer verringern, wenn Sie das Wasser etwa drei Minuten ablaufen lassen und nur Wasser aus dem Kaltwasserhahn verwenden. Die Devise lautet: erst duschen, dann trinken.**

→ **Arzneimittelrückstände:** Ein weiteres Problem stellen Rückstände von Arzneimitteln im Trinkwasser dar. Vor allem in Gegenden, wo Trinkwasser aus Uferfiltrat gewonnen wird, wie beispielsweise im Ruhrgebiet, werden bei Untersuchungen Spuren häufig verwendeter Arzneistoffe und deren Abbauprodukte gefunden, zum Beispiel das bei MRT-Untersuchungen benutzte Kontrastmittel Gadolinium. In der Trinkwasserverordnung existieren bislang aufgrund fehlender toxikologischer Bewertung vieler Stoffe keine Grenzwerte für Arzneimittel; stattdessen behilft man sich mit *„Gesundheitlichen Orientierungswerten"*. Diese liegen häufig bei 0,1 Mikrogramm pro Liter und damit so hoch wie der Summengrenzwert für Pestizide.

Auch wenn das Umweltbundesamt die momentan gefundenen sehr geringen Mengen an Arzneistoffen noch nicht für gesundheitlich bedenklich hält, sollte angesichts eines zunehmenden Arzneistoffverbrauchs in einer älter werdenden Gesellschaft der Vorsorge höhere Priorität eingeräumt werden. Dazu gehört die ökotoxikologische Bewertung von Arzneimitteln bereits bei der Zulassung neuer Medikamente und eine verstärkte Überwachung des Trinkwassers in Bezug auf Arzneistoffe.

TIPP

Medikamente richtig entsorgen

Um unser Trinkwasser besser vor Arzneimittelrückständen zu schützen, sollten Sie Medikamente nicht über die Toilette oder den Ausguss entsorgen. Sofern der Beipackzettel eines Arzneimittels keine speziellen Hinweise für die Entsorgung enthält, können Sie die Präparate beispielsweise in den Hausmüll geben. Weitere Annahmestellen für Arzneimittel sind Apotheken und Recyclinghöfe.

→ ZUM WEITERLESEN

Weitere Informationen zum Thema Arzneimittelrückstände im Trinkwasser finden Sie auf der Internetseite des Umweltbundesamtes unter: **umweltbundesamt.de.**

Achtung, Süßgetränke!

2020 wurde endlich das Verbot von Zuckerzusätzen in Tees für Säuglinge und Kleinkinder beschlossen. Die Regelungen umfassen nicht nur Zucker, sondern auch den Zusatz von Honig, Fruchtsaft (-konzentrat oder -pulver), Fruchtnektar, Malzextrakt oder Sirupe und Dicksäfte, die aus anderen pflanzlichen Rohstoffen gewonnen werden.

Des Weiteren muss ein verpflichtender Hinweis auf dem Produkt zu finden sein, dass bei der Zubereitung oder vor der Verabreichung auf die Zugabe von Zucker und anderen süßenden Zutaten verzichtet werden soll.

Karies an Milchzähnen vermeiden

→ **Wasser hat Vorfahrt:** Ein Baby braucht zur Deckung seines Flüssigkeitbedarfs in den ersten sechs Lebensmonaten nur Muttermilch oder seine Muttermilchersatznahrung.

Mit der Einführung des dritten Breis sollten Säuglinge zusätzliche Flüssigkeit aufnehmen, am besten in Form von Wasser. Alternativ können Babys und Kleinkinder ihren Durst auch mit ungesüßten Kräuter- oder Früchtetees löschen.

Gehen die Still- und Beikostmahlzeiten in die Familienmahlzeit über, so sollte diese immer mit einem Glas Wasser begleitet werden. Dadurch steigert sich die Trinkmenge des Kindes automatisch.

→ **Aus Glas und Becher trinken:** Damit es gar nicht erst zum Dauernuckeln kommt, versuchen Sie möglichst von Anfang an, die Flüssigkeit mit einem kleinen Glas oder Becher zu geben. Das geht am einfachsten, wenn das Glas möglichst voll ist. Sobald die Oberlippe des Kinders mit dem Wasser in Berührung kommt, öffnet es automatisch den Mund. Falls es doch eine Saugerflasche oder ein Trinklernbecher sein muss, nehmen Sie die Flasche in die Hand.

Sogar Flüssigkeiten, die keinerlei süße oder saure Stoffe enthalten wie Wasser, machen die Zähne empfindlicher gegenüber Karies, da dann Wasser und nicht mehr der schützende Speichel die Zähne umspült. Achten Sie darauf, die Flasche möglichst schnell zu entwöhnen. Spätestens ab dem ersten Geburtstag sollten Sie Ihrem Kind keine Saugerflasche mehr geben.

→ **Tee selbst kochen:** Bei Fieber, Durchfall oder sehr hohen Temperaturen kann es sinnvoll sein, das Baby häufiger anzulegen. Auch ein für die Säuglingsernährung geeignetes Mineralwasser, abgekochtes Leitungswasser oder ungesüßte Früchte- oder Kräutertees können in diesen Fällen den Durst löschen.

Hagebutten-, Malven- oder Kamillentee, die es lose oder im Teebeutel zu kaufen gibt, sind geeignet. Schwarzer und grüner Tee ist für Babys und Kleinkinder ungeeignet, weil er anregend wirkt. Tee sollte immer mit kochendem Wasser aufgegossen werden – danach auf Körpertemperatur abkühlen lassen.

→ **Nicht nur Kräutertee:** In bestimmten Chargen von Kräutertees wie Fenchel, Kamille, Pfefferminze, Melisse oder gemischten Kräutertees werden immer wieder erhöhte Gehalte an Pyrrolizidinalkaloiden (PA) nachgewiesen. Das sind sekundäre Pflanzenstoffe, die die Pflanzen zum Schutz vor Fraßfeinden bilden.

Das Problem dieser Stoffe ist, dass sie leberschädigend sind und sich in Tierversuchen als erbgutverändernd und krebsauslösend erwiesen haben.

INFO

Besser kein Fencheltee

Neueste Erkenntnisse belegen, dass in Fencheltee stark schwankende Mengen an Estragol enthalten sind.
Dieser Stoff war in Tierversuchen krebserregend und es gab zudem Hinweise auf eine erbgutverändernde Wirkung. Daher sollten Kinder bis zum Alter von vier Jahren und auch Stillende keinen Fencheltee trinken. Kinder von vier bis elf Jahren sollten nur geringe Mengen trinken.

Das Bundesinstitut für Risikobewertung rät Eltern daher aus Vorsorgegründen, Babys nicht über längere Zeiträume regelmäßig Kräutertee zu geben. Wechseln Sie besser zwischen verschiedenen Teesorten wie zum Beispiel Hagebutten- oder Malventee. Geben Sie Ihrem Kind neben Tee auch Wasser zum Durst löschen.

Dauernuckeln wieder abgewöhnen

Ist ein Kind ans Dauernuckeln gewöhnt, wird es sehr unruhig oder schläft nicht mehr, wenn es kein Fläschchen im Mund hat. Dann hilft nur ein *„harter Entzug"*. Bei dem müssen betroffene Eltern zwei Tage und Nächte lang regelrechte Entzugserscheinungen mit ihrem Baby gegen das sogenannte Zucker-Saugerflaschen-Syndrom durchmachen und die Flasche konsequent absetzen. Kinderärzte halten diesen Weg für die einzig wirkungsvolle Methode, damit *„kleine Säufer"*, die Tag und Nacht ihre Nuckelflasche im Mund haben, wieder von den Kariesmachern wegkommen.

Lehnt ein Kind den ungezuckerten Tee nach dem Flaschenentzug ab, weil es an den süßen Geschmack gewöhnt war, hilft nur ein schrittweiser Ausstieg. Der Tee sollte zuerst nach dem Geschmack des Sprösslings gezuckert und die Zuckerdosis dann alle drei, später fünf Tage stetig herabgesetzt werden – bis am Ende ein zuckerfreier Tee im Fläsch-

TIPP

Zucker in Getränken erkennen

Achten Sie in der Zutatenliste nicht nur auf das Wort Zucker, sondern auch auf folgende Begriffe: Maltodextrin, Glukosesirup, Glukose, Milchzucker (Laktose), Malzzucker (Maltose), Fruchtzucker (Fruktose) oder Traubenzucker (Dextrose). Es sind Namen für andere Zuckerarten, die ebenfalls Karies auslösen können.

chen ist und als nächster Schritt das Fläschchen ganz weggelassen wird.

Während voll gestillte Säuglinge keine weiteren Getränke benötigen, um ihren Flüssigkeitsbedarf zu decken, spielen Getränke ab dem Einführen der Beikost eine Rolle. Dabei ist vor allem bei Saugerfläschchen, die Babys selbst in die Hand nehmen können, Vorsicht geboten, denn diese stellen eine erhebliche Kariesgefahr dar.

Wenn die Kleinen stundenlang zur Beruhigung an säurehaltigen Fruchtsäften, süßen Tees, anderen gesüßten Getränken oder sogar Wasser herumnuckeln, umspülen die Flüssigkeiten die vorderen Zähne des Oberkiefers. Der Speichel, der sonst für den Schutz des Zahnschmelzes sorgt, kommt nicht mehr an die Zähne heran. Während süße Tees zu Löchern im Zahnschmelz führen, lässt die Säure aus den Fruchtsäften die Zähne braun werden und löst mit der Zeit den Zahnschmelz auf. Im schlimmsten Fall vereitert der Kieferknochen und bereits der Durchbruch der ersten Zähne ist gestört. Bei einigen Kindern sind im Frontzahnbereich des Oberkiefers nur noch schwarze Stummel in entzündetem Zahnfleisch übrig.

Dieser Eiterherd stellt für den ganzen Körper als Infektionsquelle eine Belastung dar. Zahnärztinnen und Zahnärzte sowie kieferchirurgisches Fachpersonal können die Schäden dann nur noch notdürftig durch komplizierte Operationen beheben.

Eine weitere Folge von zerstörten und damit zu früh gezogenen Milchzähnen können Kieferfehlbildungen sein. Außerdem führt das Dauernuckeln an süßen Getränken zur frühzeitigen Gewöhnung an einen süßen Geschmack. Ein Mangel an lebenswichtigen Vitaminen und Mineralstoffen kann entstehen, wenn statt der Milchnahrung zuckrigwässrige Getränke gegeben werden.

Obwohl den Unternehmen, die sich mit ihren Werbesprüchen und Hochglanzbroschüren angeblich der Kindergesundheit verpflichten, die negativen Auswirkungen des Dauernuckelns und gesüßter Tees längst bekannt waren, wurden die möglichen Gesundheitsrisiken lange vertuscht. Dabei ist bereits seit Langem erwiesen: Werden gesüßte Getränke von Babys selbst dauergenuckelt, entsteht schlückchenweise Karies!

Babysaft ist kein Durstlöscher

Als Durstlöscher sind Babysäfte, Nektare und Fruchtsaftgetränke zu Recht sehr umstritten. Selbst Säfte mit einem Fruchtsaftanteil von 100 Prozent enthalten erhebliche Mengen an Fruchtzucker und können daher Karies begünstigen. Auch der Energiegehalt ist zu beachten. Während die Unternehmen eine ganze Palette an speziellen Babygetränken anbieten, hält das Forschungsdepartment Kinderernährung (FKE) Gemüse- und Fruchtsäfte für unnötig. Die Vitamine, die Säuglinge und Kleinkinder benötigen, sind bei einer vollwertigen Ernährung sowohl in der Muttermilch als auch in den Breien enthalten, die die Stillmahlzeiten später ergänzen. Die besten Durstlöscher sind Wasser und ungesüßte Tees.

Fruchtsäfte erst später sinnvoll

Fruchtsaft enthält viel Fruchtzucker und hat einen hohen Energiegehalt. Frühestens ab dem fünften Lebensmonat können Fruchtsäfte als Zusatz zum Gemüse-Kartoffelbrei einen Beitrag zur Versorgung mit Vitamin C und zur besseren Ausnutzung des Eisens aus pflanzlichen Lebensmitteln leisten. Trinken Kinder jedoch größere Mengen Saft, nehmen sie unter Umständen mehr Fruchtzucker auf, als ihr Dünndarm verwerten kann. So gelangt Fruktose in den Dickdarm und wird dort durch Bakterien abgebaut. Bauchschmerzen und Durchfall können die Folge sein. Außerdem kann der Konsum von viel Fruktose die Entwicklung einer Fettleber begünstigen.
Am besten mischen Sie für Ihr Kind Fruchtsaft und Wasser im Verhältnis 1:5. Bitte Säfte oder Schorlen keinesfalls zum Dauernuckeln anbieten.

Auf Qualitätsunterschiede achten

Wenn man auf industriell hergestellte Getränke zurückgreifen möchte, lohnt sich ein Blick aufs Etikett. Obwohl bei vielen Unternehmen schon ein Umdenken stattgefunden hat, fügen einige ihren Getränken noch Zucker zu.

Säften wird in der Regel kein Zucker zugesetzt, er enthält aber je nach Fruchtsorte einen hohen Gehalt an fruchteigenem Zucker und damit auch viele Kalorien.

Weiterhin steht zu viel Fruktose in Verbindung mit der Entwicklung einer Fettleber, da dieser Zucker über die Leber verstoffwechselt wird.

Bei Nektaren oder Fruchtsaftgetränken kann Zuckerwasser das Getränk *„verlängern"*. Der Fruchtgehalt ist je nach Bezeichnung der Getränke sehr unterschiedlich. Gänzlich ungeeignet für Säuglinge und Kleinkinder sind Limonaden. Sie liefern kaum wertvolle Nährstoffe, dafür aber jede Menge Zucker, Zusatzstoffe und manchmal Koffein.

Ein Überblick zur Zusammensetzung verschiedener Getränkesorten findet sich auf den beiden folgenden Seiten.

Getränk	Fruchtsaft	Fruchtnektar
Fruchtsaftanteil	 100 %	 je nach Frucht 25 % (Johannisbeere) bis 50 % (Orange); Fruchtmark ist auch erlaubt
Gehalt an Zuckerwasser	–	50 % – 75 %
Zuckerzusatz	Bis zu 15 g/l sind bei fast allen Säften erlaubt, allerdings nur mit entsprechender Kennzeichnung in der Zutatenliste. Ausnahme: Johannisbeersaft darf 200 g/l enthalten. Aber Achtung, Fruchtsäfte enthalten von Natur aus viel fruchteigenen Zucker.	höchstens 200 g/l; in der Regel 80 – 100 g/l
Erlaubte Zusätze, die für Kinder nicht empfehlenswert sind		

Fruchtsaftgetränk	Limonade	Brausen und Cola
% 6 – 30%	% 3 – 15%	% 0 %
je nach Frucht 6 % (Zitrusfrüchte) bis 30 % (Kernobst/Trauben)	kein oder nur sehr geringer Fruchtsaftanteil (3 % – 15 %)	meist kein
70 % – 94 %	85 % – 100 %	100 %
keine Höchstmenge; in der Regel 100 g/l	keine Höchstmenge; in der Regel 100 g/l	keine Höchstmenge; in der Regel 100 g/l
Schwefeldioxid in den Fruchtkonzentraten, Aromaextrakte bzw. natürliche Aromastoffe	Schwefeldioxid in den Fruchtkonzentraten, Aromaextrakte bzw. natürliche Aromastoffe	Schwefeldioxid in den Fruchtkonzentraten, Aromen, Farbstoffe, Konservierungsstoffe, Koffein und andere anregende Substanzen

Vitamin D und Fluorid

Muttermilch und Beikost liefern in der Regel alle Nährstoffe, die ein Baby im ersten Lebensjahr für ein gesundes Wachstum braucht. Mit zwei Ausnahmen: Vitamin D für die Knochenhärtung und Fluorid zur Kariesvorbeugung.

Vitamin D gegen Rachitis

Säuglinge brauchen Vitamin D für den Aufbau von Knochen und Zähnen. Mangelt es ihnen daran, können bleibende Knochenverformungen (Rachitis) oder Krampfneigungen aufreten.

Im Gegensatz zu allen anderen Vitaminen kann Vitamin D unter direkter Sonneneinstrahlung (ohne Sonnenschutzmittel) in der Haut selbst gebildet werden. Jedoch sollten Säuglinge grundsätzlich keiner direkten Sonneneinstrahlung ausgesetzt werden, da sich der hauteigene Schutzmechanismus noch entwickeln muss und Sonnenbrände zu Hautkrebs führen können. Außerdem reicht die Sonnenstrahlung vor allem in der dunklen Jahreszeit von Oktober bis März nicht aus, um den Bedarf an Vitamin D zu decken.

Gleichzeitig sind die Gehalte an Vitamin D in der Muttermilch und Muttermilchersatzprodukten zu gering, um einen ausreichenden Schutz vor Rachitis im ersten Lebensjahr zu gewährleisten.

Bis zum zweiten Frühsommer ihres Lebens sollten Säuglinge daher 400 bis 500 IE (internationale Einheiten) Vitamin D am Tag bekommen. Je nach Geburtszeitpunkt sind das circa 12 bis 18 Monate. Nur in Ausnahmefällen kommen nach ärztlicher Anweisung, zum Beispiel bei Frühgeborenen, höhere Mengen in Betracht.

Tablette oder Öl

Vitamin D wird am besten als Tablette in einigen Tropfen Wasser aufgelöst und mit einem Teelöffel vor einer Mahlzeit eingenommen. Eine andere Möglichkeit ist die Gabe von Vitamin D in Tropfenform (z.B. als Öl). Hier ist eine genaue Dosierung wichtig, damit nicht zu viel aufgenommen wird, denn je nach Temperatur können die Tropfen unterschiedlich groß sein. Wer das Vitamin exakt dosieren möchte, greift besser zu Tabletten.

Fluorid zur Kariesvorbeugung

Fluoride härten die Zähne und machen sie weniger anfällig für Karies. Generell unterscheidet man zwischen der lokalen Anwendung von Fluoriden, beispielsweise durch fluoridhaltige Zahnpasta, Gele oder Lacke und der Einnahme von Fluoridtabletten.

Zur Gabe von Fluoridtabletten gab es lange verschiedene Meinungen in der Ärzteschaft. Einheitliche Handlungsempfehlungen zur Kariesprävention im Säuglings- und frühen Kindesalter (0 bis 6 Jahre) waren überfällig.

Fluoridmenge an Lebensalter anpassen

Vertreterinnen und Vertreter aller relevanten Fachgesellschaften und -organisationen im Netzwerk *„Gesund ins Leben"* empfehlen die Gabe von Fluorid **ab der Geburt**, und zwar täglich in Form einer Tablette in Kombination mit Vitamin D.

Ab dem Durchbruch des ersten Zahnes bis zum Ende des ersten Lebensjahres haben Eltern bezüglich der Fluoridgabe zwei Möglichkeiten, die individuell bei den Vorsorgeuntersuchungen in der Kinderarztpraxis oder beim ersten Zahnarztbesuch besprochen werden können:

- → Gabe von täglich einer Kombi-Tablette mit Fluorid und Vitamin D sowie Zähneputzen ohne Zahnpasta oder mit einer kleinen Menge Zahnpasta ohne Fluorid
- → Gabe von täglich einer Vitamin-D-Tablette ohne Fluorid und Zähneputzen mit einer reiskorngroßen Menge Zahnpasta mit 1.000 ppm Fluorid, bis zu zweimal täglich

Vom ersten Geburtstag an sollten zweimal täglich die Zähne mit einer reiskorngroßen Menge Zahnpasta mit Fluorid geputzt werden. Wichtig ist, dass Eltern auf die genaue Dosierung achten, denn Säuglinge und Kleinkinder sind noch nicht in der Lage Zahnpasta auszuspucken. Durch diese Kontrolle kann sichergestellt werden, dass keine zu hohen Mengen an Fluorid aufgenommen werden. Zahnpasta sollte für Kinder zwischen null und sechs Jahren 1.000 ppm Fluorid enthalten.

Vom zweiten Geburtstag an sollten die Zähne zwei bis dreimal täglich mit einer erbsengroßen Menge Zahnpasta mit Fluorid geputzt werden. Wichtig ist auch hier, dass die Eltern die Menge richtig dosieren und die Zähne nachputzen.

Die Gabe von Fluorid ist neben sorgfältiger Zahnpflege, regelmäßigen Zahnuntersuchungen und einer zahngesunden Ernährung mit wenig Süßigkeiten und zuckerhaltigen Getränken ein unverzichtbarer Eckpfeiler der Kariesprophylaxe. Wichtig ist jedoch, Überdosierungen zu vermeiden, damit es später nicht zur Zahnfluorose in Form von kreidig-weißen Schmelzflecken auf den Zähnen kommt.

INFO

Gesunde Ernährung und Zahnpflege sind wichtig

Trotz aller Wichtigkeit der Gabe von Fluorid sollten Sie als Eltern Folgendes im Kopf behalten: Karies ist keine Fluormangelkrankheit. Die Ursachen von Karies sind vielmehr ein zu hoher und vor allem zu häufiger Zuckerverzehr und eine schlechte Mundhygiene. Deshalb steht eine gesunde Ernährung und regelmäßiges Zähneputzen bei der Kariesvorbeugung an erster Stelle.

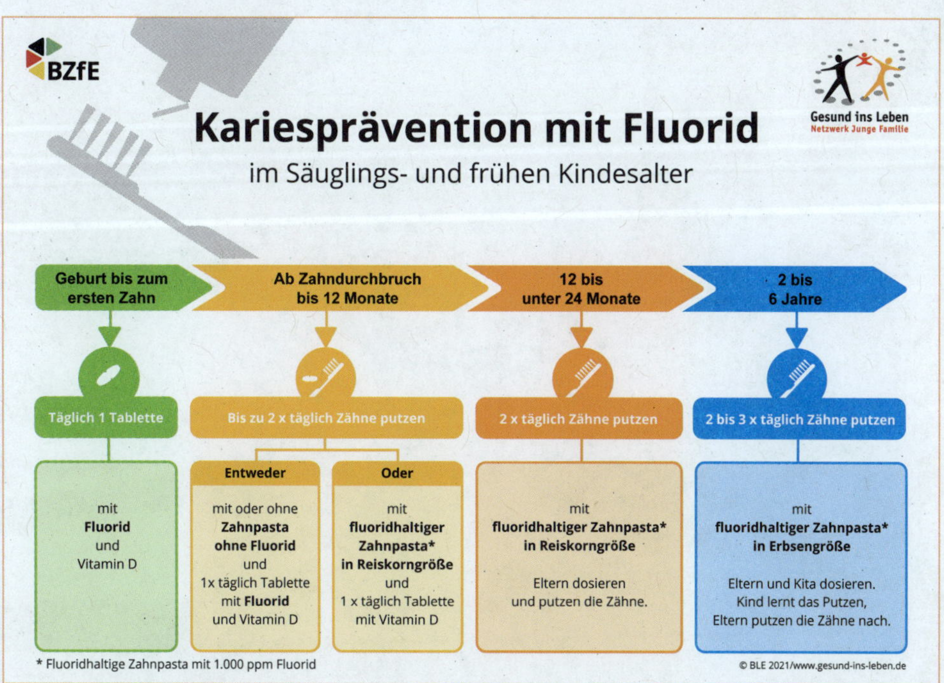

Breie und Beikost

Wie lange ein Kind ausschließlich gestillt oder mit Muttermilchersatzprodukten ernährt werden soll und welches der optimale Zeitpunkt zur Einführung von Beikost ist – darüber gibt es nach wie vor intensive wissenschaftliche Diskussionen.

Das vom Bundesministerium für Ernährung und Landwirtschaft ins Leben gerufene Netzwerk *„Gesund ins Leben"* hat für Deutschland einheitliche Empfehlungen erarbeitet. Diese gelten für alle Kinder – auch diejenigen, die zu Allergien neigen.

Das Netzwerk empfiehlt, in den ersten vier bis sechs Monaten ausschließlich zu stillen. Frühestens mit Beginn des fünften Lebensmonats und spätestens zum siebten Lebensmonat sollten Eltern mit der Beikost beginnen. Die Zeitspanne soll der unterschiedlichen Entwicklung der Kinder und ihrem individuellen Nährstoffbedarf gerecht werden.

Das Stillen in den ersten sechs Lebensmonaten bietet laut Weltgesundheitsorganisation (WHO) verschiedene Vorteile. Dazu gehören unter anderem ein geringeres Risiko für Magen-Darm-Infekte beim Säugling und ein schnellerer Gewichtsverlust der Mutter nach der Geburt sowie ein längeres Aussetzen der Menstruation. Negative Effekte auf das Wachstum des Kindes wurden nicht festgestellt. Lediglich bei Studien in Entwicklungsländern hat man einen verringerten Eisenspiegel dokumentiert. Üblicherweise sind die Eisenspeicher eines Säuglings sowie die Eisenversorgung über die Muttermilch jedoch für die ersten vier bis sechs Monate ausreichend.

Wichtiges rund um den Brei

Die Einführung der Beikost sollte nicht mit dem Abstillen einhergehen. Vielmehr vermindern die Breimahlzeiten langsam und schrittweise die Muttermilchmenge.

INFO

Erklärfilm zum Thema Beikost

Ein Erklärfilm der Deutschen Gesellschaft für Ernährung zum Thema Beikost zeigt in einfachen Bildern: Wann starten, was einsetzen, wie zubereiten?
youtube.com/watch?v=FBg7c66loss

Es gibt zahlreiche Hinweise dafür, dass Kinder die neuen Nahrungsmittel besser vertragen, wenn parallel zur Beikosteinführung weiter gestillt wird. Wie lange das dauert, entscheiden Mutter und Kind ganz individuell.

→ **Den richtigen Zeitpunkt finden:** Entscheidend für den Zeitpunkt der Beikosteinführung ist natürlich auch die Sättigung und Gewichtsentwicklung des Kindes und die Reife insgesamt. Folgende Hinweise zeigen, dass ein Kind reif für die Beikost ist:

- Es interessiert sich stark für andere Lebensmittel, zum Beispiel von Eltern oder Geschwistern.
- Es öffnet den Mund, wenn Nahrung angeboten wird.
- Es drückt nicht mehr sofort das Essen mit der Zunge heraus.
- Es will häufiger gestillt werden, weil es hungrig ist.
- Es greift öfter mal zum Löffel und führt diesen zum Mund.

TIPP

Zeitpunkt der Beikosteinführung

Machen Sie den genauen Zeitpunkt der Beikosteinführung von Ihrer persönlichen Lebenssituation abhängig. Wenn Sie bereits wissen, dass Sie sieben Monate nach der Geburt zurück in den Job wollen oder müssen, fangen Sie schon vorher mit der Beikost an. Wenn Sie ein ganzes Jahr Elternzeit eingeplant haben und gerne lange stillen möchten, können Sie sich bis zum Beginn des siebten Lebensmonats Zeit lassen.

→ **So einfach wie möglich:** Was für ältere Kinder und Erwachsene richtig ist, nämlich die Ernährung so vielfältig wie möglich zu gestalten, ist für Kinder im ersten Lebensjahr weder notwendig noch erstrebenswert.

Säuglinge sollten sich zunächst an den Geschmack einiger weniger, verschiedener Lebensmittel gewöhnen. Ein Gemüsebrei für den siebten Lebensmonat sollte also keineswegs fünf verschiedene Gemüsesorten enthalten, der Milch-Getreide-Brei sollte nicht alle Getreidesorten auf einmal anbieten.

Beim Brei ist Geduld die Maxime, denn Babys müssen sich erst an die neuen Geschmäcker herantasten. Dabei ist es völlig normal, dass man neue Breie bis zu achtmal anbietet, bevor sie akzeptiert werden.

→ **Ausreichend Flüssigkeit:** Etwa ab der Einführung des dritten Breis benötigen Babys zusätzliche Flüssigkeit, die am besten in Form von Wasser gegeben wird – am einfachsten aus einem kleinen Glas, einer Tasse oder einem Becher. Insgesamt ist eine zusätzliche Zufuhr von etwa 200 Milliliter Flüssigkeit ausreichend, um den Bedarf eines gesunden Babys zu decken. Die restliche Menge wird über die anderen Breie und über die Muttermilch erreicht. Säuglinge bis 12 Monate haben einen Flüssigkeitsbedarf von etwa einem Liter pro Tag.

TIPP

Speiseplan langsam erweitern

Führen Sie lieber neue Lebensmittel einzeln in die Kost Ihres Kindes ein und lassen Sie ihm Zeit, sich an den neuen Geschmack zu gewöhnen. Außerdem ist es so auch leichter möglich, eventuelle Unverträglichkeiten gegenüber einzelnen Lebensmitteln zu erkennen.

→ **Gewürze und Salz sind tabu:** Babys und Kleinkinder sollten die Gelegenheit haben, den natürlichen Geschmack von neuen Lebensmitteln kennenzulernen. Salz und Gewürze haben in der Beikost nichts zu suchen, denn Salz belastet die Nieren des Kindes zu stark. Allenfalls milde Bio-Gewürze wie Petersilie und Thymian können nach etwa drei Monaten in kleiner Menge ausprobiert und eingeführt werden.

→ **Stichwort Nitrat:** Manche Gemüsesorten speichern natürlicherweise in größeren Mengen Nitrat – ein Stoff, den der Körper des Kindes vor dem sechsten Lebensmonat noch nicht wirksam entgiften kann. Wird schon im fünften Lebensmonat Gemüsebrei gefüttert, so sollte er aus dem Gläschen stammen. Denn für industriell hergestellte Säuglingsnahrung schreibt der Gesetzgeber den niedrigen Grenzwert von 200 Milligramm Nitrat pro Kilogramm vor, der selbst mit biologisch angebauten, im Haushalt zubereiteten Produkten nicht immer sicher eingehalten werden kann. Die Kartoffeln können selbstverständlich selbst gekocht und den meist verwendeten Karottengläschen zugegeben werden.

→ **Nicht nur Karotten:** Welchen Gemüsebrei Babys bekommen, sieht man ihnen häufig im Gesicht an. Die typisch gelblichbräunliche Gesichtsfarbe ist auf ganz viel Möhrenbrei zurückzuführen. Das zu viel aufgenommene Karotin lagert sich in der Haut ab. Bei einigen Babys können zu viele Möhren auch zu Verstopfung führen. Dabei müssen es wirklich nicht nur Karotten sein.

Auch andere Gemüsesorten wie etwa Fenchel, Brokkoli, Kohlrabi, Kürbis oder Pastinaken sind nährstoffreich und gut verträglich. Vom Beginn des zweiten Lebensjahres kommen auch Rosenkohl, Weißkohl, Bohnen und Lauch in Frage. Nach dem ersten Geburtstag sollte die Beikost möglichst vielfältig sein, damit das Kind viele verschiedene Geschmackserfahrungen machen kann.

→ **Auf Eisenversorgung achten:** Während der Schwangerschaft legen Babys Eisenreserven an, die vier bis sechs Monate nach der Geburt aufgebraucht sind. Eisen ist wichtig für die Blutbildung. Eisenmangel kommt am häufigsten im Alter von ein bis zwei Jahren und in der Pubertät vor. Wird dem Körper nicht genügend Eisen über die Nahrung zugeführt, treten langfristig Eisenmangelsymptome auf: Blässe, erhöhte Infektanfälligkeit sowie eine Schwächung des Immunsystems. Außerdem werden bei Eisenmangel die Umweltgifte Blei und Cadmium verstärkt aus der Nahrung aufgenommen, weil der Körper diese Gifte sozusagen mit Eisen verwechselt. Das sind ernste Gründe, um auf eine ausreichende Eisenversorgung zu achten.

TIPP

Vegetarische Ernährung

Für eine bessere Eisenaufnahme sollten Sie die Breie mit Vitamin C kombinieren – zum Beispiel mit einem Schuss Orangensaft. Gute Eisenquellen bei einer vegetarischen Ernährung sind Hafer, Amaranth, Hirse, Mandelmus, Sesammus, Kichererbsen, rote Linsen sowie Eigelb.

Gut zu wissen: Der vegetarische Gemüse-Getreide-Kartoffelbrei sollte besser ohne Milch zubereitet werden, da diese die Eisenverfügbarkeit vermindert.

TIPP

Den Gemüsebrei um Fleisch ergänzen

Da Eisen aus tierischen Lebensmitteln wie Fleisch oder Eiern besonders gut aufgenommen wird, sollten Sie dem Gemüsebrei drei- bis sechsmal pro Woche 20 bis 30 Gramm gekochtes, püriertes Fleisch zugeben. Praktisch ist es, ein großes Stück Fleisch – beispielsweise magere Stücke von Rind, Lamm, Schwein oder Geflügel – gut durchzukochen, zu pürieren und in einem Eiswürfelbereiter einzufrieren. Später können Sie dann die entsprechende Anzahl eingefrorener Fleischwürfel portionsweise entnehmen und dem Gemüsebrei zugeben. Einmal wöchentlich können Sie ein hartgekochtes Ei oder Fisch unter den Gemüsebrei mischen.

→ **Apropos Fette:** Fette sind für die Säuglingsernährung wichtig, weil sie unter anderem essentielle Fettsäuren enthalten, die der Körper nicht selbst herstellen kann. Außerdem sorgen die Inhaltsstoffe des Öls dafür, dass fettlösliche Vitamine aufgenommen werden können, die für viele Körperfunktionen und das Wachstum benötigt werden.

Der Gemüsebrei sollte einen Esslöffel Rapsöl (ca. acht bis zehn Gramm) enthalten, dem milchfreien Getreide-Obst-Brei sollte ein Teelöffel Öl (ca. fünf Gramm) zugesetzt werden.

Ein Blick auf die Nährstoffangaben der Gläschen zeigt, dass diese oft weniger als die erforderlichen Fettmengen enthalten. Beim Füttern von Gläschenkost sollte das fehlende Fett daher ergänzt werden – am besten durch die Zugabe von Pflanzenölen mit einem hohen Anteil an ungesättigten Fettsäuren (zum Beispiel Rapsöl).

INFO

Besonderes Öl kaufen?

Spezielle *„Beikostöle“* müssen Sie nicht kaufen. Die Öle sind Mischungen verschiedener Pflanzenöle und oft überteuert.

→ **Auf Jodversorgung achten:** Die Versorgung von Kindern im ersten Lebensjahr mit Jod ist teilweise nicht ausreichend. Als Folge davon kann es bei älteren Kindern zu Funktionsstörungen der Schilddrüse (Kropf) kommen.

Jod ist ein Spurenelement, das in Milch, Milchprodukten, Eiern und Seefisch vorkommt. Statt Fleisch oder Ei kann dem Gemüsebrei ab dem achten Lebensmonat auch ein- bis zweimal in der Woche Fisch zugegeben werden. Da sich gekochter Fisch leicht zermusen lässt, ist die Zubereitung sehr einfach. Der Fisch muss aber unbedingt grätenfrei sein. Achtung, Fisch ist zwar ein gesundes Lebensmittel, doch auch ein problematisches, denn unsere Meere sind vielerorts leer gefischt. Daher gilt es, nachhaltigen Fisch zu kaufen und auf die Herkunft, das Fanggebiet und die Fangmethode zu achten.

→ **Frische ist Trumpf:** Jedes längere Warmhalten oder Stehenlassen bei Zimmertemperatur vermindert den Gehalt an Vitaminen. Wichtig ist auch, eine schonende Garmethode anzuwenden: beispielsweise das Dünsten in wenig Wasser, das später beim Pürieren mitverwendet wird. Gegen Ende des zweiten Lebenshalbjahres reicht es dann, Kartoffeln und Gemüse mit der Gabel zu zerdrücken.

→ **Milchprodukte einführen:** Zum Kochen des Milchbreis ist pasteurisierte Vollmilch am besten geeignet. Gesäuerte Milchprodukte wie Joghurt, Kefir oder Dickmilch können nach dem ersten Geburtstag, wenn das Kind immer mehr am Familienessen teilnimmt, am besten in Kombination mit Getreideflocken und Obst angeboten werden.

Spezielle Kinderprodukte sind nicht notwendig. Ein ganz normaler Naturjoghurt mit etwas Obst ist viel gesünder als die meisten Kinderjoghurts.

→ **Ideal für unterwegs:** Der Getreide-Obst-Brei kann warm und kalt (Raumtemperatur) gegessen werden. Er eignet sich gut zum Mitnehmen, weil er keine leicht verderblichen Zutaten enthält. Die Obstsorten sollten nach der Saison ausgewählt werden.

Für den Anfang sind säurearme Obstsorten wie Äpfel, Birne und Banane ideal. Sie liefern auch die nötige Süße, sodass Zusätze von Zucker oder anderen Süßungsmitteln völlig unnötig sind.

→ **Keinen Honig:** Eine seltene Krankheit, der Säuglings-Botulismus, kann im ersten Lebensjahr durch Honig hervorgerufen werden. Symptome sind Atem- und Nervenlähmung. Bei industriell hergestellter Säuglingsnahrung ist kein Risiko zu befürchten, weil die Krankheitserreger durch Sterilisation getötet werden.

TiPP

Zusätzliche Kindermilch-Produkte

Beikostprodukte aus Quark, Frischkäse, Pudding oder Joghurt, die von der Lebensmittelindustrie bereits ab dem siebten oder achten Lebensmonat als Zwischenmahlzeit angeboten werden, sollten Sie lieber im Regal stehen lassen. Solche Zwischenmahlzeiten würden den Gehalt der Nahrung an Kuhmilcheiweiß unnötig erhöhen. Außerdem stecken sie meist noch voller Zucker.In der Forschung gibt es Anhaltspunkte dafür, dass dadurch die Nieren Ihres Babys belastet und das Risiko für die Entwicklung von Übergewicht erhöht wird.

→ ZUM WEITERLESEN

Mehr Informationen zu einer gesunden Ernährung in den ersten Lebensmonaten erhalten Sie auf der Internetseite des Netzwerks *„Gesund ins Leben“* **gesund-ins-leben.de.**

Essen im ersten Lebensjahr

Der Ernährungsfahrplan gibt Orientierung über die Abfolge der verschiedenen Breie und ihre Zusammensetzung. Denn jede Nahrungsmittelgruppe erfüllt in einem bestimmten Zeitraum eine besondere Funktion für den Stoffwechsel, zum Beispiel die Versorgung des Körpers mit Vitaminen, Eisen oder ungesättigten Fettsäuren.

Etwa monatlich kann eine Stillmahlzeit bzw. eine Mahlzeit aus Säuglingsanfangsnahrung durch einen Brei ersetzt werden. Aber jedes Kind ist eine eigenständige kleine Persönlichkeit und möchte manchmal nicht das essen, was Eltern sich wünschen.

Mütter und Väter sollten deshalb mit Gelassenheit an die Ernährung ihrer Jüngsten herangehen. Zwang und Stress beim Essen wirken sich negativ auf das Essverhalten aus.

Es ist nicht erforderlich, genau auf jedes Gramm zu achten oder sich alles aufzuschreiben, was die Kinder essen. Nicht immer isst oder trinkt ein Kind, was die Tabellen vorgeben. Es ist völlig normal, dass Hunger und Durst von Tag zu Tag schwanken. So führen beispielsweise Wachstumsschübe zu großem Appetit.

	Phase der Beikosteinführung					Phase des Übergangs zur Familienkost		
Lebensmonate	5	6	7	8	9	10	11	12
morgens								
vormittags								
mittags								
nachmittags								
abends								

Breie selber kochen

Viele Eltern glauben, dass es sehr aufwendig sei, Breie selber zu kochen. Mit ein paar Tricks lassen sich gesunde, wohlschmeckende Breie im Handumdrehen zubereiten.

Wer über einen Tiefkühlschrank verfügt, kann es sich leicht machen: Einfach größere Mengen Brei auf einmal kochen und sofort nach dem Pürieren portionsweise in geeigneten Behältern (z.B. für Eiswürfel) einfrieren. Dann muss der Brei kurz vor der Mahlzeit nur noch zügig aufgetaut (im Wasserbad oder mit der Mikrowelle) und auf Esstemperatur erwärmt werden. Das lässt sich selbst für kleine Mengen, die Babys zu Beginn meist nur essen, praktisch umsetzen.

Die im Ernährungsfahrplan angegebenen Breie können Eltern von Anfang an selber kochen. Die angegebenen Mengen variieren je nach Alter und Appetit, was jedoch gleich bleibt, ist das Verhältnis der Zutaten.

TIPP

Vorsicht bei nitrathaltigem Gemüse

Breie mit besonders nitrathaltigen Gemüsesorten, wie zum Beispiel Spinat, dürfen Sie nicht vorkochen, da durch Bakterien beim Aufwärmen das schädliche Nitrit gebildet werden kann.

Der erste Brei: Gemüse-Kartoffel-Brei mit Fleisch

Beim Gemüse-Kartoffel-Brei mit Fleisch empfiehlt es sich, nicht gleich mit dem kompletten Brei zu beginnen, sondern das Kind zuerst mit einigen Löffeln Gemüsebrei (z. B. Karottenmus) vor der Stillmahlzeit das Essen vom Löffel üben zu lassen. Wenn das dann besser klappt, kann dem Karottenbrei eine gekochte Kartoffel und Rapsöl zugegeben werden. Nach und nach kann die Stillmahlzeit durch den Gemüse-Kartoffel-Brei mit Fleisch ersetzt werden. Erfahrungsgemäß dauert dieser Übergang etwa drei bis vier Wochen. Der Gemüse-Kartoffel-Brei mit Fleisch soll die Babykost vor allem mit Vitaminen und Eisen anreichern.

Ein- bis zweimal pro Woche kann das Fleisch durch Fisch oder Ei ersetzt werden. Als Öl eignet sich am besten Pflanzenöl mit einem hohen Anteil ungesättigter Fettsäuren, wie zum Beispiel Rapsöl.

Grundrezept für

GEMÜSE-KARTOFFEL-BREI MIT FLEISCH

ZUTATEN

100 g Gemüse*
1 Kartoffel (ca. 50 g)
20–30 g Fleisch
1 Esslöffel Rapsöl
evtl. 1–2 EL Obstsaft**

So wird's gemacht

Kartoffeln und Gemüse putzen, kleinschneiden und gemeinsam mit dem Fleisch in wenig Wasser gar kochen. Alles mit Hilfe eines Pürierstabs fein pürieren. Rapsöl und eventuell den Obstsaft unterrühren.

***Gut geeignet sind zum Beispiel**

Möhren, Pastinaken, Kürbis, Steckrübe, Fenchel, Brokkoli, Blumenkohl, Kohlrabi, Zucchini

Grundrezept für

GEMÜSE-KARTOFFEL-BREI MIT EI ODER FISCH

ZUTATEN

100 g Gemüse*
1 Kartoffel (ca. 50 g)
1 hartgekochtes Ei oder 20–30 g Fisch
1 Esslöffel Rapsöl
evtl. 1–2 EL Obstsaft**

So wird's gemacht

Kartoffeln und Gemüse putzen, kleinschneiden und in wenig Wasser gar kochen. Das hartgekochte Ei oder gekochten Fisch zugeben und alles mit Hilfe eines Pürierstabs fein pürieren. Rapsöl und eventuell den Obstsaft unterrühren.

***Gut geeignet sind zum Beispiel**

Möhren, Pastinaken, Kürbis, Steckrübe, Fenchel, Brokkoli, Blumenkohl, Kohlrabi, Zucchini

** Der Obstsaft wird als Lieferant von Vitamin C zur besseren Ausnutzung des Eisens aus Fleisch und Getreideflocken zugesetzt. Er sollte deshalb möglichst reich an Vitamin C sein, beispielsweise Orangensaft. Empfindliche Kinder reagieren auf saure Säfte jedoch häufig mit wundem Po oder zeigen Hautreaktionen. In dem Fall sollte auf eine andere Vitamin-C-Quelle zurückgegriffen werden, zum Beispiel auf Obst oder Gemüse.

Der zweite Brei: Milch-Getreide-Brei

Der zweite Brei ist ein Vollmilch-Getreide-Brei, dem etwas Obstsaft oder püriertes Obst zugesetzt werden sollte. Meist gibt man den Brei als Abendmahlzeit, da er gut sättigt und die Kinder daher oft besser durchschlafen.

Das in dem Obst enthaltene Vitamin C verbessert die Eisenaufnahme aus den Getreideflocken.

Der Brei sollte mit Vollkornflocken, -mehl oder -grieß gekocht werden, da Vollkornprodukte mehr Vitamine und Mineralstoffe enthalten als Weißmehlprodukte und länger sättigen. Abzuraten ist allerdings von Schrot oder Ähnlichem, da dieses den empfindlichen Verdauungstrakt überfordern würden.

Grundrezept für

VOLLMILCH-GETREIDE-BREI

ZUTATEN

200 ml Vollmilch
20 g (ca. 2 Esslöffel) Vollkorngetreide oder -flocken
20 g (ca. 2 Esslöffel) Obst* (püriert, zerdrückt, gerieben) oder Obstsaft**

So wird's gemacht

Die Flocken, das Getreide oder den Grieß kurz in der Milch aufkochen und etwa drei Minuten weiterkochen oder ausquellen lassen. Etwas abkühlen lassen und zerkleinertes Obst oder Obstsaft unterrühren.
Bei der Verwendung von Vollkornmehl erstmal 100 Milliliter Milch mit dem Vollkornmehl unter Rühren zum Kochen bringen, dann etwas abkühlen lassen, restliche Milch und Obst/Obstsaft unterrühren.

***Gut geeignet sind zum Beispiel**

Obstsorten der Saison wie Apfel, Pflaumen, Birnen, Bananen, Pfirsich, Aprikosen etc.

** Der Obstsaft wird als Lieferant von Vitamin C zur besseren Ausnutzung des Eisens aus Fleisch und Getreideflocken zugesetzt. Er sollte deshalb möglichst reich an Vitamin C sein, beispielsweise Orangensaft. Empfindliche Kinder reagieren auf saure Säfte jedoch häufig mit wundem Po oder zeigen Hautreaktionen. In dem Fall sollte auf eine andere Vitamin-C-Quelle zurückgegriffen werden, zum Beispiel auf Obst oder Gemüse.

Der dritte Brei: Milchfreier Getreide-Obst-Brei

Eine weitere Milchmahlzeit wird durch einen Getreide-Obst-Brei ersetzt, der gut als Zwischenmahlzeit gegeben werden kann.

Dieser Brei sollte wirklich milchfrei sein, da Milch die Eisenaufnahme aus der Nahrung verringert. Der relativ hohe Eisengehalt des Getreides (z. B. Hafer und Hirse) wird aus einem milchfreien Brei wesentlich besser ausgenutzt. Außerdem würde das Essen mit noch einem kuhmilchhaltigen Brei insgesamt zu eiweißreich werden, was die Nieren des Kindes unnötig belasten würde.

Grundrezept für

GETREIDE-OBST-BREI

ZUTATEN

90 ml Wasser
20 g (ca. 2 Esslöffel)
Vollkorngetreide(flocken)
(z. B. Hafer, Hirse, Reis etc.) oder Grieß
100 g Obst*
(zerdrückt, gerieben, püriert)
1 Teelöffel Rapsöl

So wird's gemacht

Wasser mit den Getreideflocken oder Grieß drei Minuten aufkochen und ungefähr drei Minuten weiterkochen oder kurz ausquellen lassen.
Das Obst fein pürieren, zerdrücken oder reiben und mit Rapsöl unter den warmen Brei rühren.

***Gut geeignet sind zum Beispiel**
Obstsorten der Saison wie Apfel, Pflaumen, Birnen, Bananen, Pfirsich, Aprikosen etc.

Vegetarische oder vegane Babykost

Vegetarische und vegane Ernährungsweisen sind mittlerweile in unserer Gesellschaft angekommen. Viele Familien verändern aus ethischen und ökologischen Gründen ihre Essgewohnheiten und wollen diese Überzeugung auch mit ihren Kindern teilen. Kann ein Baby fleischfrei oder sogar milch- und eifrei ernährt werden und trotzdem gesund aufwachsen?

Fleischlos ins Leben

Solange es sich um eine sogenannte ovo-lakto-vegetarische Ernährung – also mit Eiern und Milch, aber ohne Fleisch – handelt, ist dies auch in der Beikostphase unproblematisch.

Milch, Eier und eventuell Fisch helfen, den Bedarf an hochwertigem Eiweiß, Calcium und Jod im ersten Lebensjahr zu decken. Ein besonderes Augenmerk sollte auf die Eisenversorgung gelegt werden: Eisenreiche Getreide wie Hafer und Hirse oder Vollkornprodukte und Gemüsesorten wie Brokkoli oder Schwarzwurzel sowie Hülsenfrüchte sorgen dafür, dass auch eine fleischfreie Kost Eisen enthält.

Nüsse wie zum Beispiel Mandeln oder Haselnüsse sind auch gute Eisenquellen. Diese sollten aufgrund der Erstickungsgefahr bei Babys und Kleinkindern am besten in gemahlener Form oder als Nussmus verzehrt werden.

Eisenreiche Gemüse- und Getreidesorten sollten daher regelmäßig im Speiseplan berücksichtigt und die Gemüse-Kartoffel-Breie zusätzlich mit Hafer- oder Hirseflocken zubereitet werden. Die Eisenverwertung aus dem Vollkorngetreide lässt sich durch die Zugabe von Vitamin-C-reichem Fruchtsaft zum Brei oder durch das Verwenden von Vitamin- C-haltigem Gemüse wie zum Beispiel Kartoffeln, Brokkoli, rote Paprika oder Kohlrabi erhöhen.

Pflanzliche Lebensmittel mit einem hohen Eisengehalt in mg/100 g	
Sesam	10
Amaranth (ungekocht)	7,5
Hirse	6,9
Haferflocken	5,5
Getrocknete Aprikosen	4,4
Mandeln	4,1
Haselnüsse	3,8
Mandelmus	3,7
Topinambur	3,7
Schwarzwurzel	3,3
Dinkelvollkornmehl	3,2
Schwarze Johannisbeeren	1,3
Brokkoli	0,9

Grundrezept für

GEMÜSEBREI OHNE FLEISCH

ZUTATEN

100 g Gemüse*
1 Kartoffel (ca. 50 g)
10 g Vollkornflocken (ca. 1 Esslöffel)
(z. B. Hafer, Hirse)
1 Esslöffel Rapsöl
3,5 Esslöffel Obstsaft**
oder Obstpüree als Nachtisch

So wird's gemacht
Kartoffeln und Gemüse putzen, kleinschneiden und gemeinsam mit den Getreideflocken in wenig Wasser garkochen. Alles mit Hilfe eines Pürierstabs fein pürieren, Rapsöl und Obstsaft unterrühren oder Obstpüree als Nachtisch anbieten.

***Gut geeignet sind zum Beispiel** Schwarzwurzel, Möhren, Brokkoli, Topinambur

** Der Obstsaft wird als Lieferant von Vitamin C zur besseren Ausnutzung des Eisens aus Fleisch und Getreideflocken zugesetzt. Er sollte deshalb möglichst reich an Vitamin C sein, beispielsweise Orangensaft. Empfindliche Kinder reagieren auf saure Säfte jedoch häufig mit wundem Po oder zeigen Hautreaktionen. In dem Fall sollte auf eine andere Vitamin-C-Quelle zurückgegriffen werden, zum Beispiel auf Obst oder Gemüse.

Vegane Ernährung fürs Baby

Viele Expertinnen und Experten sind sich einig, dass eine vegane Ernährung von Kleinkindern und Babys mit deutlichen Risiken verbunden ist. Durch diese Ernährungsform können schwerwiegende Defizite bei der Nährstoffversorgung auftreten. Es gibt hohe Risiken für die Entwicklung und die Gesundheit bis zur Entstehung von irreversiblen neurologischen Schäden.

Ein großes Problem besteht darin, dass noch nicht ausreichend Studien über den Gesundheitszustand vegan ernährter Kleinkinder vorliegen. Hier besteht ein dringender Forschungsbedarf.

Beraten lassen

Wenn Sie sich in Sachen veganer Ernährung wenig auskennen, sollten Sie sich unbedingt von kompetenten Ernährungsexpertinnen und -experten beraten lassen, um Nährstoffdefizite bei Ihrem Kind zu vermeiden.
Durch jährliche Blutuntersuchungen sollte die Versorgungssituation mit allen kritischen Nährstoffen überprüft werden.

→ Die Deutsche Gesellschaft für Ernährung (DGE), die Ernährungskommission der Deutschen Gesellschaft für Kinder- und Jugendmedizin und das Netzwerk *„Gesund ins Leben“* des Bundeszentrums für Ernährung stufen die vegane Ernährung als ungeeignet ein, um Kinder adäquat zu versorgen und Gesundheitsrisiken zu vermeiden.

→ Die Fachgesellschaften betonen, dass unter diesen Umständen eine qualifizierte Ernährungsberatung, eine gezielte Lebensmittelauswahl mit adäquater und konsequenter Supplementeinnahme (auf jeden Fall B12!) oder der Konsum von angereicherten Nahrungsmitteln sowie eine medizinische Betreuung unumgänglich sind, um Eltern bestmöglich zu unterstützen und das Risiko für negative Auswirkungen zu reduzieren.

Nahrungsergänzungen mit Vitamin B12 und Vitamin D (in der dunklen Jahreszeit) gelten aber auf jeden Fall als notwendig. Um den Kalorien- und Eiweißbedarf zu decken, sollten vegan ernährte Kinder außerdem regelmäßig eiweißreiche pflanzliche Lebensmittel wie Sojaprodukte, andere Hülsenfrüchte und Nüsse essen.

Engpässe bei der Versorgung können in dieser Altersgruppe zusätzlich bei Eisen, Zink, Jod, Vitamin 2, Calcium und Omega-3-Fettsäuren auftreten.

→ ZUM WEITERLESEN

Umfangreiche Informationen zum Thema vegetarische bzw. vegane Ernährung finden Sie auf den Internetseiten der Deutschen Gesellschaft für Ernährung (**dge.de**) und des Vereins ProVeg (**proveg.com/de**).

Hinweise zu Fertigkost

Aus Supermärkten oder Drogerien sind sie nicht mehr wegzudenken – die langen Regale mit Babygläschen und Getreidebreien. Ob Brei mit Stracciatella-Geschmack oder Nudeln mit Sauce Bolognese – alles ist zu haben. Doch kann es richtig sein, Babys von Anfang an nur Gläschenkost löffeln zu lassen?

Und wie können Eltern aus der überwältigenden Vielfalt des Angebots die sinnvollen Produkte herausfinden?

Checkliste für Babys Fertigkost

- **Inhaltsstoffe aus ökologischem Anbau:** Bevorzugen Sie Anbieter, die ihre Zutaten aus kontrolliert ökologischem Anbau beziehen.
- **Auf die Zutatenliste achten:** Denn dort müssen die Zutaten des Gemüse- oder Obstbreis aufgelistet werden. Bevorzugen Sie Gläschennahrung, die den angegebenen Rezepturen für selbst zubereitete Breie weitgehend entspricht.
- **Salzfrei ist besser:** Lassen Sie Gläschen mit Salz und Gewürzen im Regal stehen.
- **Zucker ist überflüssig:** Achten Sie in der Zutatenliste auf Zucker und andere Süßungsmittel und wählen Sie gezielt ungesüßte Produkte aus.
- **Weniger ist mehr:** Je einfacher die Zusammensetzung, desto besser. Nüsse, Schokolade, Aromen usw. haben in der Kost von Säuglingen nichts zu suchen.
- **Für Gemüse-Gläschen wichtig:** Der Brei muss nicht mehr als vier Zutaten enthalten. Vermeiden Sie Gläschen mit wilden Gemüsemischungen. Aus jeder der folgenden Gruppen sollte ein Lebensmittel im Brei vertreten sein:
  1. Gemüse
  2. Kartoffeln, Reis oder Nudeln
  3. Fleisch, 20–30 g pro Glas oder vegetarische Alternative
  4. Pflanzenöl
- **Fett ergänzen:** Ein Blick auf die Nährstoffangaben der Gläschen zeigt, dass diese oft weniger als die erforderlichen Fettmengen enthalten. Wenn Sie Ihrem Kind also öfter Gläschenkost geben, sollten Sie das fehlende Fett hinzufügen, etwa einen Teelöffel Rapsöl.

- **Fertig-Milch-Brei ist eigentlich überflüssig:** Wenn Sie ihn trotzdem benutzen wollen, beschränken Sie sich bis zum Ende des ersten Lebensjahres auf Produkte, die als Einsatzzeitpunkt *„ab dem 6. Lebensmonat"* angeben. Breie mit einem aufgedruckten Einsatzzeitpunkt, der darüber liegt (z. B. ab dem achten Lebensmonat), enthalten vermehrt Zutaten, die für Säuglinge überflüssig sind. Das Getreide sollte als Vollkornprodukt enthalten sein. Fertigmilchbrei sollte einen Zusatz von Jod zur Kropfvorbeugung enthalten. Er wird in der Zutatenliste als Kaliumjodid oder Kaliumjodat angegeben.
- **Vorsichtig bei Getreide-Obst-Gläschen:** Bevorzugen Sie zuckerfreie Produkte und solche mit Vollkorngetreide. Ferner sollte der Brei keine Milch oder Milchprodukte enthalten, da sie die Ausnutzung von Eisen aus dem Getreide verschlechtern. Meistens steckt in diesen Gläschen viel Obst und wenig Getreide (rund fünf Prozent). Das führt zu einem erhöhten Fruchtzuckergehalt. Selbst zubereitete Getreide-Obst-Breie bestehen zu fast zehn Prozent aus Getreide.

Produktbeispiel
MILCHBREI STRACCIATELLA ab 8. Monat

ZUTATEN
(Mengenangaben bezogen auf 100 g Pulver):

Reismehl (43 %), **MAGERMILCHPULVER** (26 %), demineralisiertes Molkenpulver (aus MILCH) (11 %), Milchschokoladenstückchen (10 %) (**Zucker**, Kakaobutter, VOLLMILCHPULVER, Kakaomasse, natürliches **Vanillearoma**, Emulgator: SOJALECITHIN), pflanzliche Öle (**Palm-**, Raps-, Kokosnuss-, Sonnenblumenöl, Emulgator: SOJALECITHIN), **Zucker**, natürliches **Aroma** (enthält MILCH), Mineralstoffmischung (Calciumcarbonat, Eisendiphosphat, Kaliumjodid), Vitaminmischung (Vitamin C, Vitamin B1, Vitamin A, Vitamin D)

Kein Vollkorngetreide → Reismehl

Überflüssiger Zucker → Zucker

Aromen haben hier nichts verloren → Vanillearoma, Aroma

versteckter (Milch-) Zucker: Magermilchpulver enthält rund 36 Prozent Eiweiß und 52 Prozent Milchzucker. → MAGERMILCHPULVER

Palmöl: problematisch für Umwelt (Monokulturen statt Regenwald) und Gesundheit (viele gesättigte Fettsäuren und Bildung von 3-MCPD-Fettsäureester) → Palm-

Noch mehr Süße ... → Zucker

„Mit wertvollem Getreide von speziell geprüften Feldern“ – so wirbt der Hersteller für ein Produkt, das fast 30 Prozent Zucker und überflüssige Zutaten wie Aromen und Schokolade enthält. Solche Produkte sollten nicht im Regal stehen.

Pluspunkte der Fertigkost

→ **Gläschen sind praktisch:** Zumindest in der ersten Zeit, wenn ein Baby nur wenig isst und mehr aus dem Mund herausschiebt als herunterschluckt, sind die fein pürierten Gemüsebreie in Gläsern praktisch. Das angebrochene Gläschen lässt sich gut verschlossen einen Tag im Kühlschrank aufbewahren. Wenn das Baby ganze Mahlzeiten schafft, lohnt es sich, den Gemüsebrei selbst zu kochen. Für den Restaurantbesuch oder auf Reisen sind die Gläschen natürlich weiterhin praktisch.

INFO

Nur kleine Portionen erwärmen

Wenn Ihr Baby noch nicht den Inhalt eines ganzen Gläschens auf einmal schafft, nehmen Sie nur so viel heraus, wie es vermutlich essen wird, denn Reste dürfen nicht ein zweites Mal erhitzt werden.

→ **Fertigkost ist schadstoffkontrolliert:** Die Unternehmen sind verpflichtet, die sogenannte Diätverordnung einzuhalten. Sie gilt neben anderen Diätprodukten auch für Baby- und Kleinkinderkost und schreibt zum Teil strengere Grenzwerte für Pestizide und Nitrat vor als für sonstige Lebensmittel.

Viele Anbieter beziehen einen Teil oder die gesamten Rohstoffe aus kontrolliert ökologischem Anbau oder von Vertragsbauern, die bestimmte Anbau- und Aufzuchtbedingungen einhalten. Testergebnisse bestätigen die Anstrengungen der Unternehmen.

Die Ergebnisse der Überprüfungen auf zahlreiche Schadstoffe wie Schimmelpilzgifte, Schwermetalle, Pestizide und unerwünschte Rückstände wie Nitrat waren niedrig. Allerdings werden auch immer wieder neue Schadstoffe in Babynahrung entdeckt: So zum Beispiel Pyrrolizidinalkaloide in Kräutertees, Chlorat in Säuglingsmilchnahrung oder Tropanalkaloide in Getreidebeikost. Bei der Auswahl von Fertigkost sollte man aktuelle Testergebnisse berücksichtigen.

TiPP

Testergebnisse checken

Testergebnisse zu Babykost erhalten Sie auf den Internetseiten der Stiftung Warentest unter **test.de** oder Ökotest unter **oekotest.de.**
Aktuelle Rückrufe von verunreinigten Produkten finden Sie auf dem Internetportal **lebensmittelwarnung.de.**

Minuspunkte der Fertigkost

→ Zu viele überflüssige Zutaten:
Die Hersteller von Babykost versuchen mit raffinierten Rezepturen und einem schicken Produktdesign, Eltern zum Kauf von Gläschen zu verführen. Meist richtet sich die Zusammensetzung nicht nach den gesundheitlichen Erfordernissen von Säuglingen, sondern nach dem Geschmack der Eltern. Manches Babymenü besteht aus insgesamt zehn Zutaten, darunter Zwiebeln und Sellerie, Gewürze und Salz. Aber Säuglinge sind nun mal keine Feinschmecker und eine zu große Vielfalt an Lebensmitteln in der ersten Beikost erschwert es, mögliche Unverträglichkeiten zu erkennen.

Durch Salz und Gewürze wird das Geschmacksempfinden des Sprösslings in falsche Bahnen gelenkt. Im ersten Lebensjahr sollte Babykost grundsätzlich nicht gesalzen werden, da die Nieren von Säuglingen noch nicht voll funktionsfähig sind. Babys haben sehr empfindliche Geschmacksnerven, der Eigengeschmack der Speisen ist Geschmackserlebnis genug.

→ Zucker – offen und versteckt:
Zucker und andere Süßungsmittel verstecken viele Babykosthersteller immer noch gerne in Gläschen und Getreide-Milch-Breien. Da es sich unter ernährungsbewussten Eltern längst rumgesprochen hat, dass süße Kost den Babys nicht guttut, sondern sie langfristig zu zuckerabhängigen Naschkatzen macht und die Zähne schädigt, wird der Zuckerzusatz häufig verschleiert.

Andere Süßungsmittel treten an die Stelle des Zuckers: Glukosesirup, Laktose, Maltodextrin, Honig, Fruchtzucker, Agavendicksaft, Reissirup und viele andere Namen finden sich in der Zutatenliste auf der Verpackung. Das sind allerdings nur Zuckerverbindungen unter einem anderen Namen, die ebenso zu Karies und übersüßten Geschmacksgewohnheiten führen können wie Zucker.

→ Der Geschmack bleibt auf der Strecke:
Statt frischem Obst enthalten Milch-Getreide-Breie gefriergetrocknetes Obstpulver in allen erdenklichen Geschmacksrichtungen. Doch der Geschmack kommt aus den zugesetzten Aromen, und die Zutatenliste ist zum Teil erschreckend lang.

Das ist überflüssig: Brei als Flaschennahrung

Unter Produktnamen wie *„Trinkbrei“* oder *„Gute-Nacht-Fläschchen“* hat die Lebensmittelindustrie eine neue Produktgruppe kreiert, die aus Sicht der Deutschen Gesellschaft für Kinder- und Jugendmedizin und der Verbraucherzentralen völlig überflüssig, wenn nicht gar gesundheitsgefährdend ist.

- Der überhöhte Energiegehalt der Nahrungen kann zu einer Überfütterung führen und mit einem erhöhten Risiko für Adipositas im späteren Leben verbunden sein.
- Zuckerhaltige Flaschennahrung zum Einschlafen kann zu Karies führen.
- In einem Entwicklungsstadium, in dem das Essen vom Löffel und das Kauen erlernt werden soll, wirken sich *„Flaschenbreie“* kontraproduktiv aus.

Als Reaktion auf die Kritik haben die Hersteller von Babynahrung beschlossen, den Energiegehalt der Trinkbreie zu senken. Besser wäre es, die Produkte gleich vom Markt zu nehmen.

Selbstfütterung statt Babybrei

Beim sogenannten **Baby-led weaning** *„bestimmt das Baby seine Entwöhnung von der Muttermilch selbst“* (weaning = abstillen). Dieser neue Trend wird als Alternative zur Einführung von festgelegten Breimahlzeiten derzeit strittig diskutiert.

→ **Die Befürworter:** Sie setzen darauf, dass ein Kind, sobald es dazu von seiner Entwicklung bereit ist, sich selbstständig am Familientisch sein Essen auswählen und zum Mund führen kann. Beispielsweise Beikost in kleinen Happen in Form von gekochtem Gemüse, weichem Fleisch oder einem Stück Obst. So soll das *„Essen nach Bedarf“*, das die Säuglinge aus der Stillzeit kennen, fortgeführt werden. Diese Methode könne zu einem besseren Essverhalten und einer leichteren Gewöhnung des Säuglings an neue Lebensmittel führen.

→ **Die Gegner:** Sie befürchten, dass es bei dem Verzicht auf Brei zu Nährstoffdefiziten und Unterernährung kommen kann, weil die Menge des Essens nicht kontrollierbar ist. Den Babys könnte es an wichtigen Vitaminen oder Mineralstoffen fehlen, die sie für ihre Entwicklung brauchen. Außerdem besteht die Gefahr, sich an stückigem Obst und Gemüse zu verschlucken. Die Lebensmittel vom Familienesstisch sind nicht immer für Babys geeignet, z. B. Rohwurst, Salatblätter, Nüsse oder stark gesalzene Speisen.

→ **Unsere Meinung:** Ein Entweder-oder muss nicht sein. Beide Konzepte haben Vor- und Nachteile und lassen sich gut kombinieren. Ob Baby-led weaning funktioniert oder nicht, ist vor allem von der Qualität des Angebots am Esstisch und der Bereitschaft und Fähigkeit der Eltern, die Signale des Kindes richtig zu deuten, abhängig.

Eltern sollten ihrem Kind einerseits Breimahlzeiten entsprechend dem Ernährungsfahrplan anbieten und dem Kind gleichzeitig ermöglichen, geeignete Lebensmittel, wie zum Beispiel gekochtes, ungewürztes Gemüse, vom Familientisch selbstständig auszusuchen.

Jedes Kind ist anders, es gibt leidenschaftliche Breiesser und Finger-Food-Fans, Hauptsache, sie sind mit Freude dabei!

Übergang zum Familienessen

Zwischen dem zehnten und zwölften Lebensmonat kann je nach Entwicklungsstand des Kindes von den Breimahlzeiten langsam auf festere Kost übergegangen werden. Richtschnur sollten die individuellen Vorlieben des Kindes sein: Manche Kinder lieben Brei – andere wollen schon mit zehn Monaten das essen, was der Rest der Familie auf dem Teller hat. Entscheidend ist natürlich auch die Anzahl der bereits vorhandenen Zähne.

Die morgendliche Milchmahlzeit und der abendliche Vollmilch-Getreide-Brei können schrittweise durch eine Brot-Milch-Mahlzeit ersetzt werden. Das Kind kann lernen, die Milch aus der Tasse zu trinken, und dazu Brot mit Obst und Gemüse zu essen.

Als Zwischenmahlzeiten am Vormittag und Nachmittag eignet sich vor allem Obst kombiniert mit Vollkorngetreideprodukten wie Vollkornbrötchen, -knäckebrot oder ähnlichem.

Zum Knabbern zwischendurch sind rohe Obst- und Gemüsestücke zu empfehlen, zum Beispiel Gurke, Tomate, Kohlrabi, Äpfel oder Birnen.

Wenn Nahrung verweigert wird

Kinder, die sehr schlechte Esser sind, gibt es nicht so selten, wie man meinen könnte. Schätzungsweise fünf bis zehn Prozent aller Säuglinge und Kleinkinder leiden an sogenannten Fütterstörungen.

Selten lassen sich organische Ursachen finden, meistens sind psychische Belastungen der Grund für auffälliges Essverhalten. Kinder, die nicht essen wollen, können Eltern beim täglichen Zirkus ums Essen zur Verzweiflung bringen. Dabei gleicht keine Störung einer anderen, es spielt so vieles mit hinein. Fachleute empfehlen vor allem viel Geduld und Gelassenheit, häufig geht diese Phase auch wieder vorbei.

Ein ausgeprägt wählerisches Verhalten ist auch gar nicht so selten, die *„Food Neophobie"*. Gemeint sind Angst und Ablehnung bei neuen Nahrungsmitteln, zum Beispiel bestimmten Gemüsesorten auf dem Speiseplan.

Von behandlungsbedürftigen Fütterstörungen spricht man, wenn

→ die durchschnittliche Mahlzeitendauer länger als 45 Minuten beträgt,
→ es regelmäßig zum Hochwürgen oder Erbrechen der Mahlzeiten kommt,
→ die Nahrung komplett verweigert wird oder das Kind extrem wählerisch ist,
→ das Baby mindestens einen Monat lang zu wenig an Gewicht zunimmt oder an Gewicht verliert,
→ Gewicht und Größe hinter einer normalen Entwicklung zurückbleiben.

TIPP

Was tun bei Nahrungsverweigerung?

Wenn Sie die Situation über mehrere Wochen als belastend ansehen, sollten Sie sich professionelle Hilfe holen. Eine Auskunft erhalten Sie bei Ihrer Kinderärztin oder Ihrem Kinderarzt oder bei den regionalen Beratungsstellen *„Frühe Hilfen"*. Nützliche Adresslisten finden Sie zum Beispiel auf der Internetseite der Bundeszentrale für gesundheitliche Aufklärung (BZgA) unter **bzga.de.**

Unverträglichkeiten und Allergien

Leiden Kinder an Nahrungsmittelunverträglichkeiten oder Allergien, so ist eine gesunde Ernährung schwerer umzusetzen. Unmöglich ist es aber nicht. Da sich die meisten Allergien und Unverträglichkeiten bislang nur schwer therapieren lassen, ist es umso wichtiger, ihnen vorzubeugen.

Nahrungsmittelunverträglichkeiten

Blähungen, Bauchschmerzen, Übelkeit oder Durchfall – wenn die Nahrungsaufnahme mit Beschwerden verbunden ist, steckt oft eine Nahrungsmittelunverträglichkeit dahinter. Der Körper hat Schwierigkeiten, bestimmte Bestandteile der Nahrung zu verdauen oder zu verarbeiten, was zu Beschwerden führen kann. Im Gegensatz zu Lebensmittelallergien, die das Immunsystem betreffen und schwere Reaktionen hervorrufen können, sind Unverträglichkeiten meist weniger gefährlich, aber natürlich trotzdem unangenehm. Ein klassisches Beispiel ist die Laktoseintoleranz, bei der der Körper nicht ausreichend Laktase produziert, um den Milchzucker in Milchprodukten abzubauen. Bei der Zöliakie besteht eine lebenslange autoimmune Reaktion gegenüber dem Klebereiweiß Gluten.

Bei der Fruktosemalabsorption wiederum ist Fruchtzucker ein Problem. Die Behandlung der Symptome besteht vor allem darin, Nahrungsmittel, die die Unverträglichkeit auslösen, zu meiden.

Laktoseintoleranz

Eine Laktoseintoleranz ist eine Unverträglichkeit auf Milchzucker und auf milchzuckerhaltige Produkte. Sie kann angeboren sein, tritt aber meist erst bei älteren Kindern auf. Babys sind quasi auf die Muttermilch eingestellt und produzieren genügend Laktase, um den Milchzucker im Darm aufzuspalten. Erfolgt die Umstellung auf normale Nahrung, wird vom Körper unter Umständen zu wenig Laktase produziert. Der Milchzucker verbleibt dann im Darm und kann zu Bauchschmerzen, Blähungen und Übelkeit führen. Bis zum sechsten Lebensjahr kommt eine Laktoseunverträglichkeit allerdings äußerst selten vor. Meist entwickelt sie sich erst im Jugendalter.

TIPP

Laktoseunverträglichkeit

Wenn Sie vermuten, dass Ihr Kind eine Laktoseintoleranz hat, sollten Sie darüber mit Ihrem Kinderarzt oder Ihrer Kinderärztin sprechen und die Unverträglichkeit diagnostizieren lassen. Stellen Sie die Ernährung Ihres Kindes nicht ohne konkreten Befund auf laktosefreie Kost um. Spezialnahrungen und Trendprodukte sind oft überteuert.

Zöliakie

Zöliakie ist eine Autoimmunreaktion auf das Klebereiweiß Gluten. Das bedeutet: Bei der Aufnahme von glutenhaltiger Nahrung werden Antikörper gebildet, die sich gegen das Eiweiß und zudem gegen körpereigene Strukturen richten. Als Folge der entzündlichen Reaktionen verkleinern sich die sogenannten Darmzotten. Da der Körper über die Oberfläche dieser Darmausstülpungen aber wichtige Nährstoffe und Flüssigkeit aufnimmt, kommt es bei den Betroffenen mit der Zeit zu Mangelerscheinungen.

Dieses Eiweiß kommt in Roggen, Gerste, handelsüblichem Hafer, Weizen, Dinkel, Emmer, Einkorn, Kamut und Grünkern vor. Als typische Symptome der Zöliakie im Säuglings- und Kleinkindalter wurden beschrieben: ein stark aufgeblähter Bauch, Durchfälle, Blässe, Erbrechen und Wesensveränderungen. Der normale Gewichtsverlauf des Kindes wird unterbrochen.

An Zöliakie erkrankte Säuglinge benötigen eine glutenfreie Ernährung. Das heißt, die genannten Getreide und alle daraus hergestellten Produkte müssen vom Speiseplan gestrichen werden. Normale getreidehaltige Milchbreie, Brot und Brötchen oder Gebäck sind ebenfalls ungeeignet. Stattdessen können Milchbreie selber mit glutenfreien Getreidesorten wie Maisgrieß, Hirseflocken und Brot und Brötchen mit glutenfreien

Mehlmischungen zubereitet werden. Am sichersten sind Produkte, die als *„von Natur aus glutenfrei"* ausgelobt sind beziehungsweise das europäische Symbol mit der durchgestrichenen Ähre tragen, da sie dem Grenzwert von 20 Milligramm Gluten pro Kilogramm unterliegen. Zudem dürfen diese Produkte keinen Hinweis auf mögliche Kontaminationen mit Gluten tragen, den sogenannten Spurenhinweis.

TIPP

Angebot des Selbsthilfeverbands

Ist bei Ihrem Kind eine Zöliakie diagnostiziert worden, sollten Sie Kontakt zur Deutschen Zöliakie-Gesellschaft (DZG) aufnehmen. Dieser Patientenverband liefert seinen Mitgliedern Informationen über die Erkrankung und erstellt regelmäßig aktuelle Listen glutenfreier Produkte. Häufig findet sich Gluten in Produkten, in denen man es normalerweise nicht vermuten würde, zum Beispiel in Ketchup, Gewürzmischungen und Fruchtjoghurts.

INFO

Glutenfrei-Symbol

Das Glutenfrei-Symbol, das eine durchgestrichene Ähre darstellt, ist europaweit anerkannt und wird nach dem Standard der Association of European Coelica Societies (AOECS) vergeben. In Deutschland ist die Deutsche Zöliakie-Gesellschaft (DZG) für die Vergabe des Symbols zuständig. Wird es verwendet, darf das Produkt einen Glutengehalt von 20 mg/kg nicht überschreiten.

Zöliakie vorbeugen

Etwa 30 bis 40 Prozent der deutschen Bevölkerung haben eine genetische Veranlagung, eine Zöliakie zu entwickeln. Doch nur weniger als ein Prozent erkranken tatsächlich. Äußere Einflüsse müssen also hinzukommen, um die Krankheit ausbrechen zu lassen.

In den vergangenen Jahren diskutierte man vor allem, welche Rolle das Stillen und der Zeitpunkt der Einführung glutenhaltiger Speisen in die Babykost haben könnte. Doch leider sind bei den Empfehlungen zur Zöliakie-Prävention heute mehr Fragen offen als beantwortet. Meinte man aufgrund von Ergebnissen aus Beobachtungsstudien, dass der günstigste Zeitpunkt für die Einführung glutenhaltiger Speisen im fünften oder sechsten Lebensmonat sei, ist dies wieder infrage gestellt. Denn große europäische Interventionsstudien unter Risikokindern konnten keinen Unterschied in der Erkrankungshäufigkeit der Kinder feststellen: Es war egal, ob die Kinder die ersten glutenhaltigen Lebensmittel im fünften oder sechsten Lebensmonat bekamen oder später. Auch der angenommene Schutzeffekt eines Weiterstillens während der Beikosteinführung bestätigte sich nicht.

TiPP

Expertenrat einholen

Die Zöliakie hat auch eine genetische Komponente. Wenn in Ihrer Familie Zöliakie bereits bekannt ist, lassen Sie sich individuell von Ihrem Arzt oder Ihrer Ärztin beraten. Fragen Sie bei Ihrer Krankenkasse nach einem Zuschuss für diese medizinische Leistung.

Sowohl bei Risikokindern als auch bei Kindern ohne Zöliakie in der Familie können sich Eltern an dem vorgestellten Ernährungsfahrplan zur Beikosteinführung orientieren. Je nach Reife und Entwicklung des Kindes und Wunsch der Mutter kann vier, fünf oder sechs Monate ausschließlich gestillt werden.

Fruktosemalabsorption

Die Fruktosemalabsorption tritt bei zwei von drei Kindern auf und kann sich in Form von Bauchschmerzen, Blähungen, Reflux bis hin zu depressiven Verstimmungen äußern. Diese Symptome treten erst auf, wenn das Kind nicht mehr ausschließlich gestillt wird, weil die Muttermilch keine Fruktose enthält.

Der Hintergrund hierfür ist, dass der Körper nur eine bestimmte Menge an Fruchtzucker aufnehmen kann, wobei hier die individuelle Toleranz unterschiedlich ist. Durch übermäßigen Obstkonsum oder das Trinken von Smoothies, Quetschies oder Fruchtsaft kann diese Grenze jedoch überschritten werden. Dann gelangt die Fruktose nicht mehr ins Blut, sondern in den Dünndarm und Darm. Dort wird sie bakteriell zersetzt, wodurch Gase entstehen, die dann zu den oben genannten Symptomen führen können.

Sollten Kinder nach dem Verzehr von Obst, Quetschies, Smoothies oder Saft Beschwerden haben, ist es ratsam, medizinisches Fachpersonal aufzusuchen und konkret testen zu lassen, ob eine Fruktosemalabsorption vorliegt. Auch aufgrund dieser Problematik ist bei Fruchtsaft, Quetschies und Co. Vorsicht geboten. Besser sind stark verdünnte Schorlen mit einem Teil Fruchtsaft und fünf Teilen Wasser.

Hat ein Kind eine Fruktosemalabsorption, besteht die Therapie in einer fruktosereduzierten Kost, die meist schon nach wenigen Tagen zur Verbesserung der Symptome führt. Generell sollte bei Kindern die Verträglichkeit in regelmäßigen Abständen beobachtet werden, da sich beim Heranwachsen die Toleranzschwelle für Fruktose verändern kann.

Allergien

Fast jedes vierte Kind wird mindestens einmal im Leben eine allergische Erkrankung diagnostiziert bekommen, zum Beispiel Neurodermitis, Heuschnupfen oder Asthma. Bei einer Lebensmittelallergie stuft der Körper Bestandteile der Nahrung als gefährlich ein und das Immunsystem reagiert darauf wie auf einen Krankheitserreger.

Da eine **erbliche Veranlagung** mit verantwortlich ist, steigt das Risiko eines Säuglings, selbst zu erkranken, wenn in der Familie Allergien vorkommen. Das ist bei etwa 30 Prozent aller Neugeborenen der Fall.

Das Allergierisiko in Abhängigkeit von der familiären Belastung	
Kein Elternteil allergisch	0 – 15 Prozent
Ein Elternteil allergisch	20 – 40 Prozent
Beide Elternteile allergisch	50 – 60 Prozent

Doch neben der erblichen Komponente müssen auch immer **Umweltfaktoren** als Auslöser der Erkrankung betrachtet werden. Dafür verantwortlich gemacht wird das, was die Wissenschaft als *„westlichen Lebensstil"* bezeichnen:

- der Kontakt mit einer unendlich großen Zahl von Fremdstoffen aus der Umwelt (Allergene wie Pollen, Tierhaare und Hausstaubmilben, Luftschadstoffe, Feinstaub und Chemikalien aus Möbeln, Plastikspielzeug, Kleidung oder Lebensmittelverpackungen)
- gut isolierte Wohnungen, die Hausstaubmilben und Schimmelpilzen optimale Lebensbedingungen bieten
- Ernährungsgewohnheiten mit einer Vielfalt an exotischen Lebensmitteln, die zum Teil starke Allergene enthalten wie zum Beispiel Soja
- schwerwiegende Lebensereignisse wieder der Tod oder die Trennung der Eltern
- eine Geburt per Kaiserschnitt

Wenn in einer Familie mindestens ein Elternteil oder ein Geschwisterkind Allergien hat, lässt sich einiges zur Allergievorbeugung tun.

TIPP

Allgemeine Maßnahmen zur Allergievorbeugung

- Stillen Sie Ihr Kind mindestens vier Monate ausschließlich.
- Rauchen Sie weder in der Schwangerschaft noch später in Gegenwart des Kindes.
- Versuchen Sie, den Kontakt Ihres Kindes mit Schimmelpilzen und Katzenhaaren zu minimieren, wenn es ein erhöhtes Allergierisiko in Ihrer Familie gibt.*
- Bemühen Sie sich um eine schadstoffarme Einrichtung Ihrer Wohnung.*
- Achten Sie auf eine gute Ernährung Ihres Kindes, damit es nicht übergewichtig wird – auch aus der Gründen der Asthmaprävention.
- Setzen Sie sich für eine allgemeine Reduktion von Umweltschadstoffen wie zum Beispiel durch den Autoverkehr ein.

* Nähere Informationen zu diesen Themen können Sie bei Ihrer Verbraucherzentrale oder Selbsthilfeverbänden bekommen.

Stillen senkt das Risiko

Stillen schützt in gewissem Umfang vor allergischen Erkrankungen. Ein vorbeugender Effekt ist für ausschließliches Stillen in den ersten vier Lebensmonaten belegt. Dies setzt jedoch voraus, dass auch in den ersten Lebenstagen, wenn die Muttermilch vielleicht noch nicht so reichlich fließt, nicht mit herkömmlicher Säuglingsmilchnahrung zugefüttert wird.

Für eine Verlängerung der ausschließlichen Stillzeit auf sechs Monate konnten in aktuellen Studien keine zusätzlichen allergiepräventiven Schutzeffekte festgestellt werden. Deshalb gilt für Kinder mit einem Allergierisiko wie für alle anderen: Kinder sollten mindestens in den ersten vier Monaten ausschließlich gestillt werden.

TIPP

Nahrungsmittel einzeln testen

Bei der Einführung von Beikost ist es sinnvoll, neue Nahrungsmittel einzeln, in mehrtägigem Abstand einzuführen. Nur so kann man mögliche Unverträglichkeiten leicht erkennen.

Keine Einschränkung für Beikost

Bis vor einigen Jahren galt die Empfehlung, dass Kinder aus Allergikerfamilien auf Lebensmittel, die bei Kindern besonders häufig Allergien auslösen, im ersten Lebensjahr verzichten sollten. Dies gilt nach einer Neuauswertung aller vorliegenden Studien heute nicht mehr.

Im Gegenteil: Es gibt sogar Hinweise darauf, dass beispielsweise Fischkonsum der Mutter in Schwangerschaft und Stillzeit und des Kindes im ersten Lebensjahr einen allergievorbeugenden Effekt haben könnte.

Die Beikosteinführung kann bei allergiegefährdeten Kindern also genauso wie bei allen anderen erfolgen. Alle Breie können wie im Ernährungsfahrplan beschrieben zubereitet werden.

Wichtig ist, dass die Einführung von Beikost nicht mit Abstillen gleichgesetzt wird, denn es gibt Hinweise, dass Muttermilch in dieser Phase zur Toleranzentwicklung gegenüber Lebensmitteln beiträgt. Die Einführung der Beikost sollte idealerweise ab dem 5. Monat erfolgen.

INFO

Warum ändern sich die Empfehlungen ständig?

Wer in den letzten Jahren die Empfehlungen zur Allergieprävention verfolgt hat, kann ins Grübeln kommen: Warum soll heute etwas falsch sein, was vor einigen Jahren noch empfohlen wurde? Dafür gibt es mehrere Gründe:

- **Neue Studien liefern neue Erkenntnisse:** Wie in jedem anderen Wissenschaftsbereich gibt es auch in der Allergieforschung einen enormen Wissenszuwachs. Dieser muss in neuen Empfehlungen berücksichtigt werden.
- **Einführung der evidenzbasierten Medizin:** In den letzten Jahren ist es Konsens geworden, dass nur das empfohlen werden soll, was in methodisch hochwertigen Studien belegt werden konnte. Dadurch erhöht sich die Sicherheit der ausgesprochenen Empfehlungen. Der Nachteil: Fragestellungen, die nicht untersucht werden oder Studienergebnisse, die nicht publiziert werden, können auch nicht in die Bewertung eingehen. Deshalb ist es wichtig, dass für Forschung genug finanzielle Mittel bereitgestellt werden, die nicht interessengebunden sind.

Kennzeichnungsregeln helfen Allergikern

Informationen über möglicherweise allergene Stoffe müssen deutlich hervorgehoben in der Zutatenliste auf der Verpackung stehen – und sind nun auch für lose verkaufte Waren verpflichtend. Die Liste der allergenen Lebensmittel ist lang:

- Eier
- Erdnüsse
- glutenhaltige Getreide (Weizen, Roggen, Gerste, Hafer, Dinkel)
- Lupine
- Milch und Milchprodukte (einschließlich Laktose)
- Schalenfrüchte (Mandel, Haselnuss, Walnuss, Cashew, Pecannuss, Paranuss, Pistazie, Macadamianuss, Queenslandnuss)
- Fisch
- Krebstiere
- Weichtiere (Muscheln, Schnecken)
- Sellerie
- Senf
- Sesamsamen
- Soja
- Schwefeldioxid und Sulfite (in einer Konzentration von mehr als 10 mg/kg oder 10 mg/l)

Es ist wichtig zu betonen, dass Lebensmittelallergien bei Säuglingen und Kleinkindern im Allgemeinen eher selten sind.

Auf keinen Fall sollten bestimmte Lebensmittel ohne ärztlich gesicherte Diagnose langfristig von der Ernährung ausgeschlossen werden. Dies kann Kinder erheblich belasten und zu einer einseitigen Ernährung führen. Und noch eine gute Nachricht: Wenn Kinder doch betroffen sind, verschwinden viele Nahrungsmittelallergien bis zum Schulalter wieder.

Schadstoffe und Lebensmittelinfektionen

Verunreinigungen in Lebensmitteln sorgen immer wieder für Schlagzeilen. Dazu gehören Bakterien wie Salmonellen und Listerien. Sie sind für Babys und kleine Kinder besonders gefährlich, weil ihre Abwehrkräfte gegen Keime aller Art noch nicht voll ausgereift sind.

Schätzungsweise über eine Million Erkrankungen durch Erreger in Lebensmitteln gibt es jährlich in Deutschland. In den meisten Fällen heilen Lebensmittelvergiftungen und Lebensmittelinfektionen von selbst aus. Für Risikopersonen wie Babys und kleine Kinder können sie jedoch lebensbedrohlich werden.

Vor allem tierische Lebensmittel wie Fleisch, Wurstwaren, Fisch, Eier, Milch und Molkereiprodukte bieten Krankheitserregern einen guten Nährboden. Insbesondere der Verzehr von rohen Produkten ist nicht zu empfehlen. Mit Vorsichtsmaßnahmen lassen sich Lebensmittelinfektionen vermeiden.

Lebensmittelinfektionen vorbeugen

- Kein rohes Hackfleisch, keine Rohwursterzeugnisse (z. B. Salami, Mettwurst, Carpaccio, Tatar), kein teilgegartes Fleisch (z. B. Roastbeef) geben und Eier, Fisch und Fleisch grundsätzlich gut durchgaren.
- Keinen rohen Fisch (z. B. Sushi) oder rohe Meerestiere (z. B. Austern) sowie keinen Räucherlachs oder Graved Lachs anbieten.
- Geflügel gut durchgaren und Abtauwasser separat weggießen.
- Rohmilch vor dem Verzehr abkochen.
- Keinen Käse, der mit oder aus Rohmilch hergestellt wurde, anbieten (z. B. Limburger, Romadur, Camembert).
- Auf Speisen mit rohen Eiern (z.B. Tiramisu, Mousse au chocolat, Carbonara) verzichten.
- Bei Fertigprodukten (z. B. vakuumverpacktem Kochschinken und Fischerzeugnissen) immer auf das Mindesthaltbarkeitsdatum und die Vorschriften zur Kühllagerung achten.
- Auf Pistazien aufgrund häufiger Belastung mit Schimmelpilzgiften verzichten.
- Rohe Sprossen vor dem Essen sicherheitshalber blanchieren oder kurz mitgaren.
- Gefrorene Beeren vor dem Verzehr erhitzen.

→ ZUM WEITERLESEN

- Ausführliche Hintergrundinformationen zur Bewertung von Schadstoff-Rückständen finden Sie auf der Homepage des Bundesinstituts für Risikobewertung (BfR) **bfr.bund.de.**
- Aktuelle Warnmeldungen und Rückrufe werden unter **lebensmittelwarnung.de** eingestellt.
- Die Stiftung Warentest (**test.de**) und Öko-Test (**oekotest.de**) untersuchen auch Säuglingsnahrung wie Breie oder Milchnahrungen auf Schadstoffe.
- Bei aktuellen Skandalen oder Fragen zur Schadstoffbelastung helfen Ihnen die Verbraucherzentralen gerne weiter. **verbraucherzentrale.de**

Schadstoffe minimieren

Babynahrung sollte frei von Schadstoffen sein, doch Meldungen zu Schadstofffunden verunsichern junge Eltern regelmäßig.

Ob Pyrrolizidinalkaloide in Kräutertees, Estragol in Fencheltee, 3-MCPD-Fettsäureester in Säuglingsmilch, Tropanalkaloide in Getreidebeikost oder Arsen in Reisprodukten: Die Einschätzung, ob und mit welchen kurz- oder langfristigen gesundheitlichen Folgen zu rechnen ist, ist häufig sehr schwierig. Abwechslung in der Auswahl verschiedener Lebensmittel schützt vor allzu hohen Belastungen.

Ein Beispiel: Das Bundesinstitut für Risikobewertung empfiehlt Eltern aufgrund hoher Funde von Arsen in Reis- und Reisprodukten, ihre Säuglinge und Kleinkinder nicht ausschließlich mit reisbasierten Getränken und Produkten wie Reiswaffeln oder Reisbrei zu ernähren. Diese sollten nur in Maßen beziehungsweise abwechselnd mit Produkten, die auf anderen Getreidearten basieren, gegessen werden.

Bio ist besser

Gemüse, Getreide und Obst für Babys sollte nicht mit Agrarchemikalien belastet sein. Es ist daher ratsam, Breie möglichst aus ökologisch erzeugten Nahrungsmitteln zuzubereiten. Bio-Lebensmittel sind deutlich geringer mit Pestiziden belastet.

Lebensmittel aus ökologischem Anbau sind inzwischen überall erhältlich: zum Beispiel in Bioläden, vielen Supermärkten, Discountern, an Bio-Ständen auf Wochenmärkten und bei Anbietern von Bio-Gemüse- und Obstkisten.

Bio-Ernährungsratgeber von IN FORM

Kostenloser Download unter: in-form.de/materialien/der-bio-ernaehrungsratgeber-fuer-familien

Eine Adressliste und mehr Informationen zu regionalen Bio-Anbietern finden sich unter: **oekolandbau.de** und bei fast allen Verbraucherzentralen.

Bio – ein geschützter Begriff?

Die Begriffe *„bio“* *„biologisch“* oder *„ökologisch“* sind gesetzlich geschützt. Anbieter dürfen diese Bezeichnungen nur für ihre Produkte verwenden, wenn sie sich bei der Erzeugung an die Regeln des Biolandbaus halten. Schwarze Schafe versuchen jedoch immer wieder, Verbraucher mit Begriffen wie *„kontrolliert“* oder *„unbehandelt“* hinters Licht zu führen. Doch was sich hinter diesen Begriffen verbergen soll, ist völlig unklar, denn sie sind nicht gesetzlich definiert.

Echte Bio-Ware nach EU-Ökoverordnung erkennen Sie zum Beispiel an den rechts abgebildeten Zeichen. Daneben gibt es inzwischen eine sehr große Zahl von Bio-Eigenmarken der verschiedenen Supermarktketten, die die Einhaltung der Regeln nach EU-Ökoverordnung garantieren.

Anforderungen, die über die EU-Ökoverordnung hinausgehen, zum Beispiel keine Teilumstellung der Betriebe und weniger Zusatzstoffe, stellen auch die Anbauverbände Bioland, Naturland und Demeter an die ihnen angeschlossenen Landwirte und Verarbeiter. Nähere Infos zu den Anbaurichtlinien der Verbände finden sich unter unter **bioland.de**, **demeter.de** und **naturland.de**, eine komplette Auflistung unter **oekolandbau.de**.

Kinderkost

Spätestens ab dem ersten Geburtstag wird für Kinder interessant, was die anderen Familienmitglieder auf dem Teller haben. Und abgesehen davon, dass für Kleinkinder weiterhin sparsam gesalzene und gewürzte Speisen empfohlen werden, ist das gemeinsame Familienessen wichtig.

Weil Kinder wachsen, brauchen sie viele Nährstoffe wie Calcium, Eisen und Eiweiß und die richtigen Energielieferanten, um ihren Bewegungsdrang ausleben zu können. Menge und Qualität der Nahrung müssen stimmen, damit Kinder ausreichend mit allen Nährstoffen versorgt sind. Das ist bei dem vielfältigen Angebot an Lebensmitteln nicht schwer zu erreichen.

Vorrang für Frische und Naturbelassenheit

Einen Überblick über eine ausgewogene Ernährungsweise gibt der Ernährungskreis auf der nächsten Seite. Anhand der Größe jedes Tortenstücks lässt sich ablesen, welchen Anteil die einzelnen Lebensmittelgruppen an der Gesamtnahrung haben sollten.

→ **Frische und naturbelassene Lebensmittel bevorzugen:**
Denn sie enthalten viele Vitamine, Mineralstoffe, Ballaststoffe und Nährstoffe in natürlicher Zusammensetzung.

→ **Stark verarbeitete Nahrungsmittel wie Fertiggerichte und Süßspeisen möglichst selten essen:**
Sie enthalten meist weniger Vitamine und Ballaststoffe, dafür aber viel Zucker, Salz und Fett.

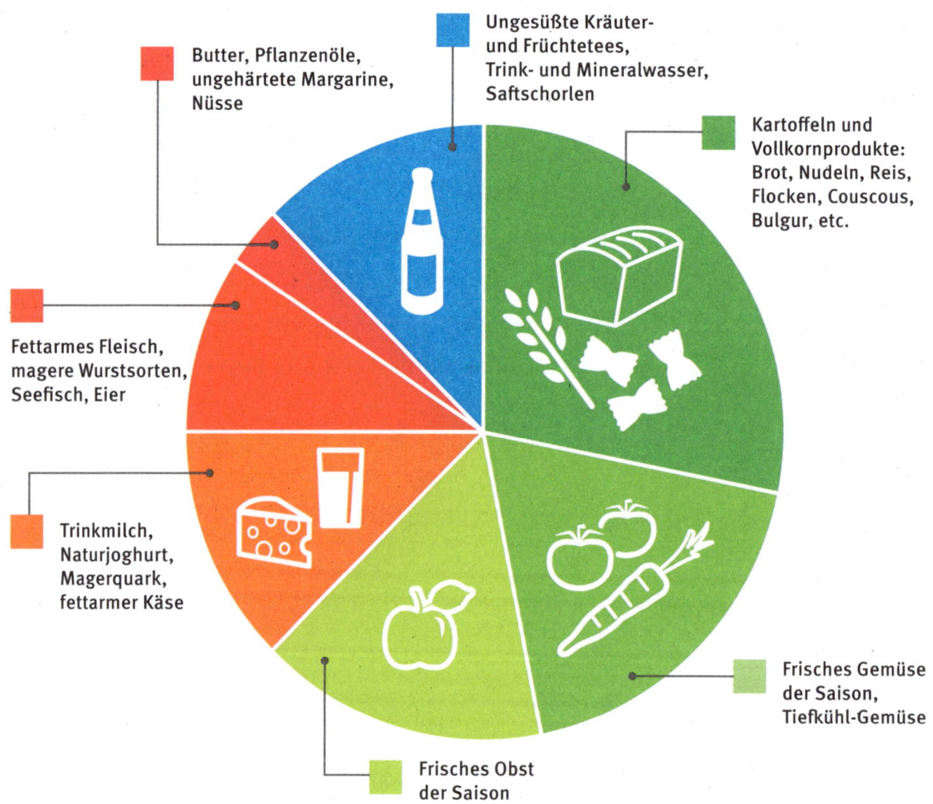

Die Menge macht's

Feste Essens- oder Trinkmengen für Kinder anzugeben ist problematisch. Appetit und Nahrungsbedarf sind individuell sehr verschieden und unter anderem abhängig von der Körpergröße, dem Temperament, Wachstumsschüben und den körperlichen Aktivitäten. Für ruhige Kinder kann schon zu viel sein, wovon lebhafte kaum satt werden. Ein täglich schwankender Appetit oder die vorübergehende Ablehnung von bestimmten Nahrungsmitteln ist für Kinder ganz normal und kein Grund zur Sorge. Kinder sollten nicht zum Essen gezwungen werden, denn normalerweise funktioniert die Hunger- und Sättigungsregulation bei ihnen sehr gut. Zu viel Zwang und Stress können dazu führen, dass Kinder das natürliche Maß fürs Essen und Trinken verlieren. Trotzreaktionen, Übergewicht oder Essstörungen können die unerwünschten Folgen sein.

Orientierungswerte für Lebensmittelmengen pro Tag für 1- bis 3-Jährige

REICHLICH: Pflanzliche Nahrungsmittel und Getränke		
Getränke	600 ml	4 Gläser Wasser oder ungesüßter Kräuter- oder Früchtetee (150 ml)
Vollkornbrot und/oder Getreideflocken	110 g	1 Scheibe Brot und 2–3 EL Getreideflocken
Vollkornreis und -nudeln, Kartoffeln, andere Getreide	100 g	1–2 Kartoffeln oder 4–5 EL Reis/Nudeln
Gemüse/Rohkost	190 g	3 Stücke Gemüse in der Größe einer Kinderhand
Obst	180 g	Ein halber Apfel und 1 Banane oder 1 Pfirsich und eine halbe Birne
MÄSSIG: Tierische Lebensmittel		
Milch und Milchprodukte	300 ml/g	1 Tasse Milch und 1 Scheibe Käse
Käse	20 g	1 kleine Scheibe Käse
Fleisch/Wurst	30 g	1 Scheibe Wurst
Hühnerei (Stück pro Woche)	50–100 g	1–2
Fisch (g pro Woche)	60 g	1 kleines Stück Fischfilet
SPARSAM: Fette, Salz und Zucker		
Butter, Pflanzenöl, Margarine	20 g	1,5 EL Öl, 1 TL Butter
Marmelade, Zucker, Honig, Süßigkeiten	max. 115 Kalorien	etwas Marmelade (ca. 35 g), etwas Schokolade (ca. 23 g), ca. 50 g Obstkuchen

→ **Faustregel:** Reichlich pflanzliche Lebensmittel und Getränke anbieten, mäßig tierische Lebensmittel und sparsam mit Zucker, Salz und Fetten sein.

Fünf Mahlzeiten am Tag und genug trinken

Eine warme Mahlzeit am Tag ist wichtig, weil diese eine andere Lebensmittel- und Nährstoffzusammensetzung ermöglicht als kalte Speisen. Da Kinder noch nicht so große Energiereserven haben wie Erwachsene, sollten sie am besten fünf Mahlzeiten über den Tag verteilt essen: drei Hauptmahlzeiten zwei Zwischenmahlzeiten.

Für eine gute Versorgung mit Vitaminen und Mineralstoffen werden zwei Portionen Obst und drei Portionen Gemüse empfohlen. Dabei entspricht eine Portion der Menge, die in eine Kinderhand passt.

Ernährt sich ein Kind vegetarisch, dann sollten Fisch, Fleisch und Wurst durch die entsprechende Menge an Eiern, Hülsenfrüchten und pflanzlichen Alternativen ersetzt werden.

Kindergarten- und Schulkinder trinken oft zu wenig. Da Kinder bezogen auf ihr Körpergewicht einen höheren Wasserbedarf als Erwachsene haben, sollten Kinder, die von sich aus wenig trinken, von den Eltern daran erinnert werden. Keinesfalls sollte der Trinkwunsch der Kinder abgelehnt werden, damit sie schneller *„trocken"* werden oder mehr feste Kost zu sich nehmen. Auch das Durstlöschen während der Mahlzeiten ist erlaubt.

Beispiele für Mahlzeiten

MORGENS

1. FRÜHSTÜCK

- Ungesüßtes Müsli mit Milch oder Joghurt und Obst
- Ungezuckerte Cornflakes mit Milch
- Vollkornbrot, Vollkornbrötchen oder Knäckebrot mit Butter oder Margarine, Käse, Konfitüre, Nussmus, Frischkäse mit Honig

GETRÄNKE: Mineral- oder Leitungswasser, ungesüßter Früchte- oder Kräutertee, Saftschorle*

2. FRÜHSTÜCK

- rohes Obst und Gemüse: Apfel, Birne, Paprika, Kohlrabi, Gurke ö.ä.
- Naturjoghurt oder Quark mit geriebenen Äpfeln, Kirschen, Bananen, Erdbeeren etc.
- Vollkornbrot mit Käse und Tomatenscheiben
- Knäckebrot mit vegetarischem Brotaufstrich und Gurkenscheiben

GETRÄNKE: Mineral- oder Leitungswasser, ungesüßter Früchte- oder Kräutertee, Saftschorle*

MITTAGS

- → Gemüsepuffer aus Kartoffeln, Möhren und Zucchini mit Tomaten-Joghurtdip
- → Naturreis mit Gemüsepfanne und Lachs
- → Vollkornnudeln mit Gemüse-Tomatensoße oder Sauce Bolognese, dazu Gemüse-Rohkost
- → Bratlinge (z. B. aus Getreide, Gemüse oder Hülsenfrüchten) mit Ofenkartoffeln und Kräuterquark
- → Süße oder salzige Vollkornpfannkuchen mit Obst oder Gemüse gefüllt
- → Kartoffelbrei, Spiegelei und Spinat
- → Gemüseeintopf mit oder ohne Getreideeinlage

GETRÄNKE: Mineral- oder Leitungswasser, ungesüßter Früchte- oder Kräutertee, Saftschorle*

NACHMITTAGS

- → Naturjoghurt oder Grießbrei mit Obst der Saison
- → rohe Obst- oder Gemüsestücke
- → Vollkornkekse oder Obstkuchen
- → selbstgemachtes ungesüßtes Popcorn
- → selbstgemachtes Milch-Mix-Getränk, z.B. Bananenmilch oder Smoothie

GETRÄNKE: Mineral- oder Leitungswasser, ungesüßter Früchte- oder Kräutertee, Saftschorle*

ABENDS

- → Vollkornbrot mit Käse oder magerer Wurst
- → Vollkornbrot mit Frischkäse, körnigem Frischkäse oder Kräuterquark und Tomaten- oder Gurkenscheiben
- → Apfel-Möhren-Rohkost, Gurkensalat oder Kartoffelsalat
- → Rohkoststücke

GETRÄNKE: Mineral- oder Leitungswasser, ungesüßter Früchte- oder Kräutertee, Saftschorle*

*Verhältnis 1 Teil Saft, 5 Teile Wasser

Kinderlebensmittel

Brauchen Kinder jenseits des ersten Lebensjahres spezielle Kinderlebensmittel? Wenn man den Werbebotschaften der Lebensmittelindustrie Glauben schenkt, sind Kindermilch, Kinderkekse, Kinder-Fruchtjoghurts und Milchriegel für die Ernährung unserer Kinder unerlässlich.

Während die Eltern mit Gesundheitsargumenten wie *„viel Calcium und wichtiges Vitamin D"* oder *„mit einem Mix aus 6 wertvollen Vitaminen"* geködert werden, versucht man die Kinder durch bekannte Figuren aus der Märchen- und Comicwelt und massive Werbung in den Kinderprogrammen des Fernsehens zu gewinnen. Eine ansprechende Portionierung oder Formung, zum Beispiel Kekse als Tiere oder Märchenfiguren, und beigegebene Comics oder Spielzeuge tun ein Übriges.

Doch spezielle Kinderlebensmittel sind überflüssig und stehen einer altersgerechten Ernährung im Wege. Alles, was Kinder brauchen, ist in natürlichen Lebensmitteln enthalten.

Kritikpunkte an Kinderlebensmitteln

→ **Häufig viel Zucker:** 75 Prozent aller Kinderlebensmittel enthalten hohe Zuckermengen und sind somit zu süß. Darunter fallen vor allem Süßigkeiten, Gebäck, gesüßte Getränke und Milchprodukte. Neueste Studienergebnisse zeigen, dass die Zuckeraufnahme bei Kindern leider immer noch weit über den Empfehlungen liegt. Vor diesem Hintergrund ist es besonders bedauerlich, dass Kinderlebensmittel dieses Problem noch verschärfen. Etwa jedes sechste Kind in Deutschland ist übergewichtig oder adipös. Das kann die Gesundheit schon im Kindesalter beeinträchtigen und bis ins Erwachsenenalter negative gesundheitliche Folgen haben.

Laut Max-Rubner-Institut enthalten gerade Lebensmittel, die ihre Werbung an Kinder richten, häufig viel Zucker. Die Forschenden des Instituts fanden beispielsweise in Frühstücksflocken für Kinder im Schnitt fast doppelt so viel Zucker wie in vergleichbaren Produkten für Erwachsene, nämlich 29,2 Gramm pro 100 Gramm.

Seit 2020 gilt immerhin schon das Verbot von Zuckerzusatz in Tees für Säuglinge und Kleinkinder. Dies ist ein Schritt in die richtige Richtung, reicht aber bei weitem noch nicht aus.

INFO

Strengere Regeln für Kinderlebensmittel

Die Verbraucherzentralen fordern strengere gesetzliche Regelungen für Kinderlebensmittel. Sinnvoll wäre es, wenn besonders zuckerhaltige Lebensmittel wie Süßigkeiten oder gezuckerte Softdrinks nicht an Kinder vermarktet werden dürften. Bei speziellen Kinderlebensmitteln wie Joghurts oder Frühstückscerealien sollte es Obergrenzen für den Zuckergehalt geben.

→ **Kindermenüs wenig kindgerecht:** Kinder-Fertiggerichte ohne konkrete Altersempfehlung müssen keine besonderen gesetzlichen Anforderungen einhalten. Das führt zu einer ungesunden Zusammensetzung der Lebensmittel. So war das Verhältnis zwischen Kohlenhydraten, Fetten sowie Eiweißen bei Kinder-Ravioli und Tütensuppen mit Tierfiguren beispielsweise ungünstig. Außerdem enthielten die Produkte zu viel Salz.

Ein weiteres Problem: Die Prozentangaben der Nährwerte beziehen sich auf einen durchschnittlichen Erwachsenen. Bei Produkten für Kinder ist das sinnlos und verwirrend, denn Kinder benötigen weniger Energie und Nährstoffe als Erwachsene. Bei Kinderlebensmitteln ist gesetzlich jedoch nicht vorgeschrieben, dass Hersteller geeignete Bezugswerte angeben müssen.

Durch die starke Zerkleinerung der Zutaten bei Kindermenüs finden Kinder kaum Gelegenheit, das Kauen zu lernen, geschweige denn einzelne Lebensmittel zu sehen und zu schmecken. Zudem sind Nudeln und Reis meistens keine Vollkornprodukte.

→ **Hoher Preis:** Kinderlebensmittel sind oft um ein Vielfaches teurer als vergleichbare herkömmliche Lebensmittel. So sind beispielsweise Milchnahrungen für Kleinkinder bis zu viermal so teuer wie normale Vollmilch.

→ **Wahllose Anreicherung mit Nährstoffen:** Ob Erfrischungsgetränke oder Milchprodukte – die Extra-Portion Vitamine und Mineralstoffe darf nach Meinung vieler Hersteller nicht fehlen, um Kinderlebensmittel aufzuwerten. Mit der Dosierung nehmen die Produzenten es jedoch oft nicht so genau. Die in den Nährwerttabellen angegebenen Vitamingehalte beziehen sich auf Erwachsene, nicht auf Kinder, sodass bei übermäßigem Verzehr die Gefahr einer deutlichen Überdosierung besteht.

Ein ernährungsphysiologisch sinnvolles Konzept ist meist nicht zu erkennen. Häufig werden Lebensmittel gerade mit den Vitaminen angereichert, die sie von Natur aus schon in großer Menge enthalten. Die übermäßige Aufnahme bestimmter Vitamine kann die Aufnahme von lebenswichtigen Mineralien blockieren. Auch unerwünschte Wechselwirkungen sind möglich.

→ **Als Zwischenmahlzeit wenig geeignet:** Kinderschnitten, Schoko-Snacks und Kinder-Fruchtjoghurts werden häufig als ideale Zwischenmahlzeit beworben, die den Kindern *„das Gute aus der Milch"* bringen soll.

Tatsache ist jedoch, dass die meisten Produkte verglichen mit einem selbstgemachten Milch-Mix-Getränk mit frischem Obst wesentlich weniger Calcium, dafür aber mehr Fett und viel zu viel Zucker enthalten.

„Kinderschnitten" zum Beispiel enthalten zwischen 30 und 54 Prozent Zucker, ein selbstgemachter Bananen-Milchshake nur etwa 9 Prozent.

→ **Obstmus als Quetschie im Beutel:** Je nach Saison frisches Obst oder Obststückchen wie Apfel, Birne, Erdbeere, Heidelbeere oder ähnliches direkt auf die Hand – so lernten Kinder früher Obst essen.

Doch das war einmal, seit Quetschobst in bunten Alu- oder Plastiktütchen mit einem Schraubverschluss in den Regalen steht. Der Handel freut sich ganz euphorisch über diese Umsatzbringer. Kinder lieben das Quetschobst, den süßen Brei, den man so genussvoll durch die Zähne saugen kann.

Testergebnisse zeigen, dass der Zuckergehalt der Produkte durch die Zugabe von Apfelsaft- und Traubensaftkonzentraten oder ähnlichem in die Höhe getrieben wird, umgerechnet bis zu fünf Stücke Zucker stecken in den kleinen Obstbreitüten.

Nach dem Verzehr einer solche Tüte haben die Kinder, je nach Altersgruppe, bereits fast die Hälfte der täglich tolerierten Zuckermenge aufgenommen. Kariesgefahr, Müllberge und fehlendes Kauen, das für die Sprachentwicklung wichtig ist, sind beim Kauf inklusive. Eine gesunde Obstportion sieht anders aus. Und lange satt macht das süße Obstmus auch nicht.

→ ZUM WEITERLESEN

Der Ratgeber der Verbraucherzentrale zeigt, wie eine abwechslungsreiche Familienkost und ausgewogene Kinderernährung gelingen können.

ratgeber-verbraucherzentrale.de

So lernen Kinder essen

Das soziale Umfeld – das heißt die Familie, die Freunde, die Esskultur im jeweiligen Land – sind ausschlaggebend dafür, was Kinder mögen und was sie nicht mögen. Nahrungsvorlieben sind also nicht angeboren, sondern erlernt. Wie sonst könnte es möglich sein, dass in manchen Ländern Meerschweinchen und Heuschrecken als Delikatesse gelten, während sich die meisten Menschen in Europa schon bei dem Gedanken an solches Essen schütteln müssen.

Das soziale Umfeld, das sind in den ersten Lebensjahren vor allem Eltern und Geschwister, bevor später der Einfluss von Kindergarten und Schulfreunden hinzukommt.

Geschmacksvorlieben werden von Anfang an durch die Erfahrungen mit Essen geprägt. Zusätzlich lernen Kinder durch Nachahmen. Eltern und ältere Geschwister sind die wichtigsten Vorbilder. Grund genug, das eigene Essverhalten einmal genau unter die Lupe zu nehmen.

Vorbild sein

Wenn Sie möchten, dass Ihr Kind ausgewogen und abwechslungsreich isst, mit Vollkornbrot, Gemüse und Obst, müssen Sie es selbst vorleben. Wenn Sie Ihrem Kind allerdings täglich zeigen, dass Ihnen weiße Brötchen und viel Fleisch eigentlich besser schmecken, wird Ihre Erziehung kaum Aussicht auf Erfolg haben.

Übrigens finden sich schon im Fruchtwasser und später in der Muttermilch Geschmacksstoffe aus dem Essen der Mutter wieder. So lernen Babys schon frühzeitig den Geschmack von Lebensmitteln kennen, die die Mutter regelmäßig isst. Dies steigert möglicherweise die Akzeptanz der Lebensmittel während der Beikosteinführung.

Vorliebe für Süßes

Neugeborene kommen nicht mit einer Vorliebe für einzelne Lebensmittel wie Pommes, Schokolade oder Gummibärchen auf die Welt, wohl aber mit einer angeborenen Vorliebe für den süßen Geschmack. Sie geben von Geburt an süßen Lebensmitteln gegenüber salzigen, bitteren oder sauren den Vorzug. Heißt das nun, dass wir dem Süßhunger unserer Kleinen auf Schokolade und Co. machtlos gegenüber stehen? Nein, denn es gibt Faktoren, die die Vorliebe für Süßes verstärken und solche, die sie abschwächen können.

So führt ein früher Kontakt mit gesüßten Lebensmitteln in den ersten sechs Lebensmonaten dazu, dass die Kinder auch später Süßes bevorzugen. Unterbleibt jedoch der frühe Kontakt zu Süßem, so nimmt die Süßpräferenz mit der Zeit ab und die Kinder lernen auch die anderen Geschmacksrichtungen schätzen. Diese Erkenntnisse sind ein wichtiger Grund, Säuglingsnahrungen und Beikost im ersten Lebensjahr ungesüßt zu lassen.

Zwar ist die Vorliebe für *„süß"* angeboren, aber wie süß etwas sein muss, damit es Kindern schmeckt, ist erlernt. Anders ausgedrückt: Auch mild gesüßte Speisen und die natürliche Süße von Obst kann den Süßhunger von Kindern befriedigen, wenn sie nicht von Anfang an an zu stark gesüßte Produkte gewöhnt werden.

Für salzige Speisen gilt im Übrigen das Gleiche: Wie salzig etwas sein muss, um gut zu schmecken, ist erlernt.

TIPP

Süßigkeiten gemeinsam auswählen

Erlauben Sie Ihrem Kind eine bestimmte Menge an Süßigkeiten, die in einer *„süßen Dose"* aufbewahrt werden. Aus der darf Ihr Kind dann gemeinsam mit Ihnen eine Kleinigkeit auswählen.

Strikte Verbote sind tabu

Verbotenes wird erst recht attraktiv. Und in einer Umwelt, in der Süßigkeiten allgegenwärtig und massenhaft verfügbar sind, helfen Verbote nicht weiter. Sinnvoller ist es, mit den Kindern den Umgang mit Süßigkeiten zu besprechen. Umgekehrt sollten Süßigkeiten auch nie als Belohnung oder Druckmittel eingesetzt werden.

Lieber weniger Zucker

Im ersten Jahr sollte auf zugesetzten Zucker verzichtet werden. Danach empfiehlt die Weltgesundheitsorganisation am besten nur 5 bis maximal 10 Prozent der Kalorienzufuhr pro Tag aus zugesetztem Zucker zuzuführen. Dies senkt das Risiko für Übergewicht, Diabetes Typ 2 und Karies. Für ein- bis dreijährige Kinder sind das 13 bis 33 Gramm am Tag, vier- bis sechsjährige Kinder sollten maximal 20 bis 40 Gramm Zucker pro Tag essen.

Doch als zugesetzter Zucker gilt nicht nur der Zucker in Schokolade und Keksen, sondern der gesamte Zucker, den Speisen und Getränke enthalten und der zum Beispiel natürlicherweise in Honig, Sirup, Fruchtsäften oder Fruchtsaftkonzentraten vorkommt. Wie schnell die empfohlene Obergrenze erreicht ist, zeigt auf dieser Seite die Tabelle mit Durchschnittswerten. Da überrascht es nicht, dass Kinder in Deutschland im Mittel etwa 16 Prozent der Kalorien aus Zucker aufnehmen.

Weil ein Großteil des Zuckers aus verarbeiteten Lebensmitteln und gesüßten Getränken stammt, gilt:

- → Frische und naturbelassene Lebensmittel bevorzugen – dann kann das Kind auch mal guten Gewissens naschen.
- → Nährwerttabelle beachten – auf vielen verarbeiteten Lebensmitteln ist der Zuckergehalt aufgelistet.
- → Saft nur zu besonderen Anlässen reichen – und dann am besten verdünnt.

Durchschnittliche Zuckergehalte	
Kinderjoghurt mit Frühstücksflocken (150 g)	10 g
Trinkjoghurt (100 ml)	13 g
Quetschbeutel aus Obst/Quark (100 g)	12 g
Kinderpudding (100 g)	13 g
Fruchtsaftgetränk (200 ml)	19 g
Eistee (200 ml)	15 g

Mit Süßem „zahnfreundlich" umgehen: Nicht nur der übliche Haushaltszucker – Saccharose genannt – greift die Zähne an, sondern auch andere Zuckerarten erweisen sich auf Dauer als schädlich. Dazu zählen der Glukosesirup, die Fruktose, der braune Zucker ebenso wie die sogenannten alternativen Süßungsmittel wie Ahornsirup, Agavendicksaft, Kokosblütenzucker, Dattelsüße, Reissirup, Honig oder Apfel- und Birnendicksaft.

TIPP

Süßes essen und Zähne schonen

Sie können einiges tun, um den Genuss zahnfreundlicher zu gestalten:

- Häufiges Naschen zwischendurch, insbesondere von klebrigen Süßigkeiten, hat einen besonders schädlichen Effekt auf die Zähne. Direkt nach den Hauptmahlzeiten ist ein süßer Snack besser aufgehoben.
- Gewöhnen Sie Ihr Kind daran, sich nach dem Naschen die Zähne zu putzen.
- Wenn man unterwegs genascht hat und nicht Zähneputzen kann, hilft das Kauen eines zuckerfreien Kaugummis. Das fördert die Produktion von Speichel, wodurch sich die Zähne in gewissem Maße vor Karies schützen lassen. Geben Sie Kaugummi aber erst, wenn dieser auch ausgespuckt werden kann.

Tipps zur Ernährungserziehung

Eine der häufigsten Antworten auf die Frage, warum wir etwas essen, ist, *„weil es mir schmeckt"*. Die Ernährungspsychologie behauptet dagegen andersherum, dass alles, was wir häufig essen, uns auch irgendwann schmeckt, weil es bekannt und vertraut ist.

Bezogen auf die Geschmacksprägung in den ersten Lebensjahren bedeutet dies, dass Kindern gesunde Speisen nur häufig genug angeboten werden müssen, damit sie sie mögen lernen. Kinder, die von Anfang an mit Vollkornprodukten und Gemüse aufgewachsen sind, mögen diese Lebensmittel wie selbstverständlich. Doch einem fünfjährigen Kind plötzlich Vollkornprodukte schmackhaft zu machen, wird sehr viel schwerer sein.

Ein abwechslungsreiches Angebot vielfältiger Speisen von Anfang an ist also der wichtigste Tipp, um Kinder *„auf die gesunde Schiene"* zu bringen.

Die wichtigsten Tipps auf einen Blick

→ **Das Sättigungsgefühl des Kindes respektieren:** Es funktioniert bei Kindern fast immer sehr gut.

→ **Eine angenehme Atmosphäre ist wichtig:** Ausreichend Zeit und ansprechend zubereitete Speisen steigern die Lust am Essen.

→ **Mahlzeiten gemeinsam essen:** Alleine essen macht auch Kindern keinen Spaß.

- **Kinder in die Essenszubereitung einbeziehen:** Was selbst gekocht oder gebacken wurde, schmeckt doppelt gut.
- **Vorbildfunktion nicht vergessen:** Lob, Mitbestimmung bei der Essensauswahl und ein reichhaltiges Angebot an bunten und vielfältigen Speisen fördern das Erlernen eines ausgewogenen Essverhaltens.
- **Essen oder Süßigkeiten nicht als Trostpflaster einsetzen:** Sonst kämpfen Kinder unter Umständen noch als Erwachsener gegen den Kummerspeck.

Orientierung im Schlaraffenland geben

Ein gut sortierter Supermarkt hat heutzutage mindestens 10.000 Lebensmittel im Regal. Das heißt für Eltern und Kinder, dass bei jedem Einkauf Entscheidungen darüber getroffen werden müssen, was gekauft werden soll und was nicht.

Viele Erwachsene fühlen sich von diesen Entscheidungen überfordert – wie sollte man da erwarten, dass Kinder im Klein- und Vorschulalter dazu in der Lage sind. Eltern sollten daher Verantwortung übernehmen und ihren Kindern Orientierung geben.

TIPP

Lob im Lernprozess

Freuen Sie sich über das Essverhalten Ihres Kindes, können Sie den Lernprozess verstärken, indem Sie ein positives Feedback geben. Zwang und Drängen beim Essen erzeugen dagegen meist eine Trotzreaktion, also das Gegenteil dessen, was Sie erreichen wollten.

- Kinder haben nichts gegen Kartoffeln, Nudeln, Gemüse und Obst. Mehrere Untersuchungen an Klein- und Kindergartenkindern haben gezeigt, dass Kinder sich durchaus eine vielfältige und gesunde Kost auswählen, wenn ihnen ein entsprechendes Angebot gemacht wird. Das heißt, wenn Eltern übersüßte Kinderprodukte in den Regalen stehen lassen und ihrem Kind zu Hause ein buntes und abwechslungsreiches Lebensmittelangebot machen, können sie sein Essverhalten in den ersten Jahren entscheidend mitbeeinflussen. Und auch im Kindergarten lohnt es sich, ein ausgewogenes Nahrungsangebot einzufordern.

- Eltern sollten nicht zulassen, dass Werbestrategen bestimmen, was Kinder essen möchten. Beim gemeinsamen Kochen oder Backen können Kinder *„echte“* Erfahrungen mit Lebensmitteln machen.

Adressen

WER HILFT WEITER?

ADHS Deutschland e. V.
www.adhs-deutschland.de

Aktionsgruppe Babynahrung e. V.
www.babynahrung.org

Arbeitsgemeinschaft Allergiekrankes Kind – Hilfen für Kinder mit Asthma, Ekzem oder Heuschnupfen (AAK) e. V.
www.aak.de

Arbeitsgemeinschaft Freier Stillgruppen AFS e. V.
www.afs-stillen.de

Berufsverband Deutscher Laktationsberaterinnen IBCLC e. V.
www.bdl-stillen.de

BerufsVerband Oecotrophologie e. V. (VDOE)
Liste qualifizierter Fachkräfte
unter www.vdoe.de

Bundesinstitut für Risikobewertung (BfR)
www.bfr.bund.de

Bundesverband Neurodermitis e. V.
www.neurodermitis.net

Bundeszentrum für Ernährung
www.bzfe.de

Bundeszentrale für gesundheitliche Aufklärung
www.bzga.de

Deutsche Gesellschaft der qualifizierten Ernährungstherapeuten und Ernährungsberater – QUETHEB e. V.
Liste qualifizierter Fachkräfte
unter www.quetheb.de

Deutsche Gesellschaft für Ernährung e. V.
Liste qualifizierter Fachkräfte
unter www.dge.de

Deutsche Haut- und Allergiehilfe e. V.
www.dha-allergien.de

Deutsche Zöliakie-Gesellschaft e. V.
www.dzg-online.de

Deutscher Allergie- und Asthmabund e. V.
www.daab.de

Deutscher Hebammenverband e. V.
www.hebammenverband.de

Deutscher Neurodermitis Bund e. V.
www.neurodermitis-bund.de

Forschungsdepartment Kinderernährung (FKE)
www.klinikum-bochum.de/fachbereiche/kinder-und-jugendmedizin/forschungsdepartment-kinderernaehrung.html

IN FORM – Deutschlands Initiative für gesunde Ernährung und mehr Bewegung
www.in-form.de

Institut für Kinderernährung am Max Rubner-Institut
www.mri.bund.de/de/institute/kinderernaehrung

Kinderärzte im Netz
www.kinderaerzte-im-netz.de

La Leche Liga Deutschland e. V.
www.lalecheliga.de

Netzwerk „Gesund ins Leben"
www.gesund-ins-leben.de

Ökotest
Testergebnisse unter
www.oekotest.de

Pharmakovigilanz- und Beratungszentrum für Embryonaltoxikologie Institut für Klinische Pharmakologie und Toxikologie an der Charité
www.embryotox.de

ProVeg e.V.
www.proveg.com/de

Robert Koch-Institut (RKI) zu Kinder- und Jugendgesundheit
www.rki.de/DE/Content/GesundAZ/K/Kinder_Jugendgesundheit/Kinder_Jugendgesundheit_node.html

Stiftung Warentest
Testergebnisse unter
www.test.de

Umweltbundesamt (UBA)
www.umweltbundesamt.de

Verein zur Unterstützung der WHO/UNICEF-Initiative „Babyfreundlich" (BFHI) e. V.
www.babyfreundlich.org

VERBRAUCHERZENTRALEN

Verbraucherzentrale Baden-Württemberg e. V.
Paulinenstraße 47
70178 Stuttgart
Telefon: 07 11/6 69 11-0
www.verbraucherzentrale-bawue.de

Verbraucherzentrale Bayern e. V.
Mozartstraße 9
80336 München
Telefon: 0 89/55 27 94-0
www.verbraucherzentrale-bayern.de

Verbraucherzentrale Berlin e. V.
Hardenbergplatz 2
10623 Berlin
Telefon: 0 30/2 14 85-0
www.vz-berlin.de

Verbraucherzentrale Brandenburg e. V.
Babelsberger Straße 12
14473 Potsdam
Telefon: 03 31/2 98 71-0
www.verbraucherzentrale-brandenburg.de

Verbraucherzentrale Bremen e. V.
Altenweg 4
28195 Bremen
Telefon: 04 21/1 60 77-7
www.verbraucherzentrale-bremen.de

Verbraucherzentrale Hamburg e. V.
Kirchenallee 22
20099 Hamburg
Telefon: 0 40/2 48 32-0
www.vzhh.de

Verbraucherzentrale Hessen e. V.
Große Friedberger Straße 13–17
60313 Frankfurt/Main
Telefon: 0 69/97 20 10-900
www.verbraucherzentrale-hessen.de

Verbraucherzentrale Mecklenburg-Vorpommern e. V.
Erich-Schlesinger-Straße 35
18059 Rostock
Telefon: 03 81/20 87 00
www.verbraucherzentrale-mv.eu

Verbraucherzentrale Niedersachsen e. V.
Herrenstraße 14
30159 Hannover
Telefon: 05 11/9 11 96-0
www.verbraucherzentrale-niedersachsen.de

Verbraucherzentrale Nordrhein-Westfalen e. V.
Mintropstraße 27
40215 Düsseldorf
Telefon: 02 11/38 09-0
www.verbraucherzentrale.nrw

Verbraucherzentrale Rheinland-Pfalz e. V.
Seppel-Glückert-Passage 10
55116 Mainz
Telefon: 0 61 31/28 48-0
www.verbraucherzentrale-rlp.de

Verbraucherzentrale Saarland
Trierer Straße 40
66111 Saarbrücken
Telefon: 06 81/5 00 89-0
www.vz-saar.de

Verbraucherzentrale Sachsen e. V.
Katharinenstraße 17
04109 Leipzig
Telefon: 03 41/69 62 90
www.verbraucherzentrale-sachsen.de

Verbraucherzentrale Sachsen-Anhalt e. V.
Steinbockgasse 1
06108 Halle
Telefon: 03 45/2 98 03-29
www.verbraucherzentrale-sachsen-anhalt.de

Verbraucherzentrale Schleswig-Holstein e. V.
Hopfenstraße 29
24103 Kiel
Telefon: 04 31/5 90 99-0
www.verbraucherzentrale.sh

Verbraucherzentrale Thüringen e. V.
Eugen-Richter-Straße 45
99085 Erfurt
Telefon: 03 61/5 55 14-0
www.vzth.de

Verbraucherzentrale Bundesverband e. V.
Rudi-Dutschke-Straße 17
10969 Berlin
Telefon: 0 30/2 58 00-0
www.vzbv.de

Stichwortverzeichnis

A

B

C

D

E

F

G

H

I

J

K

L

M

N

O

P

R

S

T

U

V

W

Z

Symbole

Bildnachweis

Adobe Stock
Titel: Viktor Kochetkov
Seite 2+20: Syda Productions
Seite 3+50: Kirsten D/peopleimages.com
Seite 29: DenisMArt
Seite 30: alexlmx
Seite 43: emuck
Seite 81: arturko
Seite 89: womue

iStock
Seite 2+10: Marcos Elihu Castillo Ramirez
Seite 3+76: Urilux
Seite 3+86: romrodinka
Seite 6: Halfpoint
Seite 19: nattanapong
Seite 21: Magone
Seite 27: nevodka
Seite 32: Rayes
Seite 46: FotoDuets
Seite 52: jfairone
Seite 59: bigacis
Seite 65: Tetiana Rostopira, sommail
Seite 72: Marat Musabirov
Seite 74: Omo1511
Seite 79: Nik_Merkulov
Seite 85: Alasdair Thomson
Seite 92: Jokic
Seite 102: miniseries

shutterstock
Seite 29: AlenKadr, Mariyana M
Seite 56: kontur-vid
Seite 63: amlet
Seite 67: Vitalina Rybakova
Seite 69: margouillat photo
Seite 70: ArtOfPhotos
Seite 90: Aleksey Sagitov

Seite 49: Bundesanstalt für Landwirtschaft und Ernährung
Seite 100: Verbraucherzentralen

Impressum

Herausgeber
Verbraucherzentrale Hamburg e. V.
Kirchenallee 22
20099 Hamburg
Telefon: 0 40/2 48 32-0
Fax: 0 40/2 48 32-290
info@vzhh.de
www.vzhh.de

Text
Britta Gerckens
Karin Riemann-Lorenz
Sarah Fricke

Lektorat und Koordination
Susanne Lehmann

Korrektorat
Astrid Rodehorst

Layout und Satz
Goldersbach Design,
www.goldersbach.de

Illustrationen
Goldersbach Design

Druck
AZ Druck und Datentechnik GmbH,
Kempten

Gedruckt auf 100 % Recyclingpapier
Redaktionsschluss: März 2024

20. aktualisierte Auflage, Juni 2024

ISBN 978-3-922940-37-1